El Despertar del Tercer Ojo

Secretos de la activación del chakra del tercer ojo para la conciencia superior, la clarividencia, el desarrollo psíquico y la observación de auras y chakras

© **Copyright 2019**

Todos los derechos reservados. Ninguna parte de este libro puede reproducirse de ninguna forma sin permiso por escrito del autor. Los revisores pueden citar breves pasajes en las revisiones.

Aviso Legal: ninguna parte de esta publicación puede ser reproducida o transmitida de ninguna forma o por ningún medio, mecánico o electrónico, incluyendo fotocopias o grabaciones, ni por ningún sistema de almacenamiento y recuperación de información, ni transmitida por correo electrónico sin permiso por escrito del editor.

Si bien se han realizado todos los intentos para verificar la información proporcionada en esta publicación, ni el autor ni el editor asumen ninguna responsabilidad por errores, omisiones o interpretaciones contrarias de la materia en este documento.

Este libro es sólo para fines de entretenimiento. Las opiniones expresadas son las del autor solo y no deben tomarse como instrucciones u órdenes de expertos. El lector es responsable de sus propias acciones.

El cumplimiento de todas las leyes y regulaciones aplicables, incluidas las leyes internacionales, federales, estatales y locales que rigen las licencias profesionales, las prácticas comerciales, la publicidad y todos los demás aspectos de hacer negocios en los EE. UU., Canadá, el Reino Unido o cualquier otra jurisdicción, es responsabilidad exclusiva del comprador o del lector.

Ni el autor ni el editor asumen responsabilidad u obligación alguna en nombre del comprador o lector de estos materiales. Cualquier percepción leve de cualquier individuo u organización es puramente involuntario.

Índice

INTRODUCCIÓN 1

CAPÍTULO 1: EL ROL DE LOS CENTROS DE ENERGÍA EN NUESTRO CUERPO 4

CAPÍTULO 2: EL CONCEPTO DEL TERCER OJO 10

CAPÍTULO 3: EL MISTERIO DE LA GLÁNDULA PINEAL Y LAS RAZONES DE SU CALCIFICACIÓN 12

CAPÍTULO 4: LOS MEJORES VEINTIÚN ALIMENTOS Y SUPLEMENTOS QUE AYUDAN A CURAR LA GLÁNDULA PINEAL Y A ACTIVAR EL TERCER OJO 14

CAPÍTULO 5: OTRAS FORMAS DE DESCALCIFICAR LA GLÁNDULA PINEAL 16

CAPÍTULO 6: ESTRATEGIA PARA DESCALCIFICAR SU GLÁNDULA PINEAL 19

CAPÍTULO 7: LA GLÁNDULA PINEAL Y EL TERCER OJO: LA CLAVE PARA UNA MAYOR CONCIENCIA 22

CAPÍTULO 8: EL TERCER OJO ES UNA FUENTE DE HABILIDADES ASOMBROSAS 27

CAPÍTULO 9: PREPARACIONES PREVIAS IMPORTANTES PARA LA ACTIVACIÓN DEL TERCER OJO 31

CAPÍTULO 10: FORMAS DE PROTEGERSE DURANTE LA ACTIVACIÓN DEL TERCER OJO 46

CAPÍTULO 11: TÉCNICA DE RESPIRACIÓN PARA AYUDAR EN LA ACTIVACIÓN DEL TERCER OJO 56

CAPÍTULO 12: CUATRO TÉCNICAS PODEROSAS PARA DESPERTAR SU TERCER OJO 59

- Técnica 1 60
  - Cosas para Recordar 66
- Técnica 2 68
  - La Meditación Trataka 68
  - Meditación con los ojos abiertos 69
  - Meditación con los Ojos Cerrados 70
- Técnica 3 71
- Técnica 4 73

CAPÍTULO 13: LA MEDITACIÓN: LA FORMA DE MANTENER SU TERCER OJO ACTIVO 78

- La Preparación 81
- El Proceso 82

CAPÍTULO 14: SIETE COSAS QUE EVITAN EL DESPERTAR DE SU TERCER OJO 87

CAPÍTULO 15: LOS PELIGROS DE ABRIR SU TERCER OJO 91

- Problemas Potenciales y cómo Manejarlos 92
- Sueños Vívidos o Pesadillas 93

CAPÍTULO 16: LOS ERRORES MÁS GRANDES QUE COMETEN LAS PERSONAS CUANDO INTENTAN ACTIVAR EL TERCER OJO 96

CAPÍTULO 17: CINCO MITOS SOBRE EL TERCER OJO Y LAS RAZONES POR LAS QUE LOS MEDIOS DE COMUNICACIÓN QUIEREN QUE USTED SE QUEDE DORMIDO 100

CAPÍTULO 18: PREGUNTAS FRECUENTES 106

CONCLUSIÓN 110

Introducción

Este libro le ayudará a comprender en detalle el concepto del tercer ojo. También le proporcionará técnicas paso a paso para activar el tercer ojo y para obtener el máximo beneficio de él.

El tercer ojo siempre ha sido un concepto desconcertante para la humanidad. Siempre supimos que había algún poder oculto y, sin embargo, no teníamos ningún conocimiento real al respecto. La era de Internet ha introducido mucha información y desinformación, lo que complica aún más este complejo tema. Algunos consideran que es un poder mágico, mientras que otros lo consideran un mal. En lugar de aportar claridad, la sobrecarga de información ha traído ambigüedad.

Este libro tratará de explicar el tema del tercer ojo de una manera organizada. Explicará el concepto del tercer ojo y la forma en que funciona para nosotros. Explicará la forma en que los sistemas de energía y los chakras funcionan en su cuerpo. También en este libro, usted podrá comprender las funciones y la importancia de la glándula pineal.

La glándula pineal, también llamada "asiento del alma", desempeña un papel muy importante en el despertar del tercer ojo. Es la localización física del tercer ojo. Nuestros antepasados sabían que jugaba un papel importante, pero no había manera de que ellos supieran sus propósitos científicos. Este libro explicará el verdadero papel de la glándula pineal y las razones por las cuales la ciencia ahora reconoce su importancia para obtener una mayor conciencia. Es la glándula más importante cuando se trata de elevar sus niveles de conciencia y ganar poderes psíquicos.

En esta era de la ciencia, el tercer ojo ha sido capaz de atraer una atención especial, principalmente debido al hecho de que ciertas habilidades psíquicas pueden adquirirse al despertar el tercer ojo. Este libro explicará en detalle las formas en que usted puede redirigir sus energías para activar su tercer ojo y mantenerse a salvo.

Aunque muchas personas sienten curiosidad por el tercer ojo, la mayoría sigue preguntándose si funcionará para ellos o no. Algunas personas también se preguntan si pueden poseer el tercer ojo o no. Todas estas preguntas serán respondidas en detalle en este libro.

Este libro le ayudará en el proceso de activación del tercer ojo explicando su evolución y usted podrá comprender el proceso correcto y la forma en que debe avanzar en el camino para lograr el éxito.

La mayoría de las personas que intentan la activación del tercer ojo terminan abandonando la búsqueda después de un tiempo, ya que creen que no están habilitadas para el proceso. Es un mito que solo unos pocos elegidos pueden activar su tercer ojo o adquirir habilidades especiales. Todos tenemos el tercer ojo y tenemos la capacidad de activarlo. No requiere ser ningún tipo especial de persona.

Usted puede activarlo si se prepara bien, y este libro le ayudará en esa preparación. Explicará en detalle las cosas que debe hacer incluso antes de embarcarse en el viaje de activación del tercer ojo.

Cubrirá las formas en las que tendrá que protegerse. La activación del tercer ojo es un proceso muy positivo, pero también implica aventurarse en lo desconocido. Comenzar algo tan grande sin una amplia protección puede ser arriesgado. Usted podrá comprender en detalle los pasos que debe seguir para mantenerse protegido de todo tipo de energías negativas.

Este libro también explicará las formas probadas de activar el chakra del tercer ojo y la glándula pineal. El viaje para activar el tercer ojo es como moverse en un camino indefinido. Hay muchas formas de activar su tercer ojo. Algunas formas son fáciles y otras son complejas. Este libro explicará cuatro formas probadas para activar su tercer ojo. También le explicará las cosas que deberá tener en cuenta al activar su tercer ojo y las señales que debe buscar cuando esté activando el tercer ojo.

Simplemente activando el tercer ojo no se resuelve nada. No es una habilidad adquirida. Usted siempre ha tenido el tercer ojo. La verdadera ganancia es hacer que funcione para usted. Este libro le dirá cómo realizar la meditación del tercer ojo para que pueda aprovecharlo al máximo.

También, usted podrá conocer el tipo habilidades que puede desbloquear activando su tercer ojo. Con la ayuda de esto, estará en una mejor posición para entender si realmente quiere seguir este camino. También, lo ayudará a mantenerse motivado, ya que el objetivo permanecerá a la vista.

Este libro otorga la debida importancia al hecho de que la mayoría de las personas que transitan este camino terminan sintiéndose desesperadas y dejan de practicarlo. La razón es que no prestan atención a las cosas que deben evitar o los peligros que enfrentan en su camino. Este libro le explicará estas cosas de manera sistemática.

También tratará los mitos relacionados con el tercer ojo y responderá algunas preguntas frecuentes.

Este libro lo llevará en un viaje seguro para activar el tercer ojo y explicarle todos los controles y el balance que necesita mantener.

Capítulo 1: El Rol de los Centros de Energía en nuestro cuerpo

El universo entero está impulsado por la energía, y el cuerpo humano no es diferente. Hay un flujo constante de energía en nuestro cuerpo que regula la mayoría de nuestras funciones. Desde nuestros pensamientos hasta todas las acciones que realizamos, todos están gobernados por alguna forma de energía. El tercer ojo es la fuente guía de esta energía.

Es importante que usted comprenda el flujo de energía en su cuerpo a través de todos los chakras para que pueda darse cuenta de la importancia del tercer ojo y el papel que desempeña en su vida. Las personas simplemente permanecen inconscientes del flujo de energía y siguen creyendo que su vida es simplemente su creación. Si pudieran entender mejor el flujo de energía y el papel de los chakras, obtendrían un mejor control de su vida.

El tercer ojo es el sexto chakra en su cuerpo y tiene la capacidad de dominar los siguientes chakras de energía. Al activar el chakra del tercer ojo, podrá obtener un control real de su vida y darle la forma que desee.

Los centros de energía en el cuerpo se dividen en siete partes o siete chakras. El 'chakra' es un término yóguico para una rueda. Cualquiera que sea el chakra que sea dominante en nuestro cuerpo, nuestra naturaleza estará dominada por esa fuerza.

El Chakra Base

El primer chakra de energía en el cuerpo se encuentra en la base de nuestra columna vertebral. La ubicación fisiológica de este chakra es entre su ano y los genitales. Este es el chakra base. Si las energías de este chakra son dominantes en su cuerpo, entonces las actividades básicas serán las más importantes para usted. La comida y el sueño serán tus prioridades. Usted permanecerá atado a las necesidades básicas. La mayoría de nosotros tenemos este chakra altamente activo. Consideramos estas funciones básicas como el objetivo más importante en nuestra vida. Nos pasamos la vida atendiendo estas necesidades. La seguridad, la supervivencia y la nutrición del cuerpo ocupan la mayor parte de nuestro tiempo y atención.

El Chakra Sacro

Este chakra de energía se encuentra en su pelvis. Si sus energías en esta región se vuelven dominantes, usted se convertirá en un buscador de placer. La creatividad, las emociones, las energías sexuales, la fluidez y la adaptabilidad serán las fuerzas dominantes en su vida. El deseo de disfrutar el mundo en su totalidad se volverá dominante y vivirá la vida más intensamente que los demás. Usted querrá disfrutar de todo lo que es placentero en este mundo. La supervivencia no será su meta en la vida, ya que buscará satisfacer sus necesidades.

El Chakra Naval

El fuego en usted aumentará si este chakra domina su vida. Lo convierte en una persona que le gusta "hacer las cosas", por lo que usted querrá hacer las cosas a su manera. Usted no solo cree en el placer, sino que quiere hacer las cosas como le gustan. Lo convierte en una persona de acción. Usted se eleva por encima de las necesidades básicas de supervivencia o placer.

El Chakra del Corazón

Este es el chakra de la creatividad. Si el chakra de su corazón domina su vida, usted será más creativo y por ende, verá este mundo desde una perspectiva creativa. Los placeres materiales significarán poco para usted y tendrá la capacidad de admirar el mundo desde una nueva perspectiva. Incluso si usted no es un artista, un actor o cantante, tendrá la capacidad de admirar las artes. Los sentimientos de base significarán poco para usted. Las personas con este chakra dominante experimentan otro nivel de intensidad en sus vidas. Se sienten estimulados por cosas que ni siquiera pueden tocar a los demás.

Hay siete chakras en nuestro cuerpo. Los tres chakras inferiores gobiernan nuestra supervivencia. Tenemos los instintos de auto conservación debido a estos tres chakras de poder. Los tres chakras superiores dominan el sentimiento para ver más allá de ellos. Si los tres chakras superiores o centros de energía en su cuerpo son dominantes, usted tendrá un profundo anhelo de pensar más allá de los placeres habituales. Ya no encontrará placer en los sentimientos de base y tendrá la necesidad de pensar por encima de las masas. Usted querrá hacer cosas que otros no hacen. El impulso de sobresalir se vuelve dominante.

El chakra del corazón es el punto de encuentro de ambos niveles. En este chakra, todavía usted busca placer, pero no en formas materiales. Todavía tiene los pies sobre la tierra pero no siente la necesidad de ser parte de ello.

El Chakra de la Garganta

Esta es la silla del poder. Si el chakra de su garganta es dominante, usted se convertirá en un centro de poder. Gozará de influencia y controlará a los demás sin esfuerzo. La gente lo seguirá y lo escuchará. Tendrá el don de las palabras y la voz. Sostendrá el mundo por su voz y hará mover las cabezas. Usted no buscará el poder para ganar riqueza sino para marcar la diferencia.

El Tercer Ojo

Este es el sexto chakra. Es el asiento del ojo que todo lo ve. Si las energías en este chakra se vuelven dominantes, usted comenzará a ver el mundo desde una perspectiva diferente. Usted estará satisfecho intelectualmente. Su percepción del mundo cambiará y no juzgará las cosas sino que las verá como son.

Es importante entender que la mayoría de los problemas y confusiones en este mundo surgen en la medida en que interpretamos las cosas. Miramos las cosas y sacamos conclusiones de ellas. Nuestras deducciones pueden no ser exactas, pero consideramos que son ciertas y lo mismo ocurre con los demás. Esto crea una diferencia de percepción. Todos están asumiendo que el mundo es como lo ven y esta es la razón de muchas de las miserias humanas.

El tercer ojo le da el poder de ver el mundo y la necesidad de analizarlo deja de existir. Las cosas se aclaran. Este ojo lo hace consciente. Usted deja de juzgar al mundo y la claridad intelectual asume nuevas dimensiones en usted.

El tercer ojo abre nuevos niveles de percepción. Usted se vuelve consciente, clarividente e iluminado.

La capacidad de su mente para comunicarse con otros sin usar palabras aumenta. Usted puede entender mejor a las personas sin que se produzca ninguna comunicación real. Algunas personas lo llaman aumento de los poderes telepáticos. Sin embargo, es simplemente porque puede ver las cosas tan claramente como son.

También gana los poderes de la clariaudiencia. Es capaz de escuchar voces dentro de usted. Hay energías a su alrededor y es solo cuando las energías dentro de usted han alcanzado su punto máximo, que gana la habilidad de comunicarse con otras formas de energías claramente. El tercer ojo le da esta energía. Será capaz de sentir la presencia de energías positivas y negativas. Será capaz de entender mejor a las personas y los escuchará claramente. La gente lo llama recibir mensajes de lo desconocido, pero es simplemente el poder de entender las cosas que no se pueden ver con los ojos normales.

Su aura se vuelve fuerte y podrá calentar a los demás sin siquiera pronunciar una palabra. Incluso su presencia puede hacer que la gente se sienta bien. Es el poder de la positividad dentro de usted lo que comienza a irradiar. Su aura se vuelve empática con los demás. Este es el poder de la clarividencia. Su intuición médica puede mejorar y podrá sanar a otros a través de sus energías positivas.

Su interacción con las energías aumenta. Lo que la gente simplemente siente como deprimente o alegre, usted lo ve oscuro y claro. Será más capaz de canalizar estas energías y de ponerlas en práctica.

El Chakra de la Corona

Este es el chakra superior. El dominio de este chakra hará que usted se realice espiritualmente. Siempre se sentirá extasiado. Usted dejará de reaccionar a los dolores y placeres normales de la vida y puede desarrollar una conexión profunda con su alma. Usted tendrá la capacidad de convertirse en una fuente de alegría para usted y para los demás. Los sentimientos de angustia y miseria no podrán tocarlo.

Sin embargo, el camino para activar el chakra de la corona es desconocido. Hay varias formas de activar los seis chakras restantes en su cuerpo a través de la meditación. Pero, no hay un camino específico para activar el séptimo chakra. Solo después de que su tercer ojo se haya despertado y se mueva en el camino de la devoción, su séptimo chakra puede activarse.

El chakra del tercer ojo es el chakra más importante del cuerpo y es la clave para abrir el séptimo chakra. También es el chakra que lo ayudará a superar los problemas normales en la vida. Usted puede hacer frente a las limitaciones de la vida activando su chakra del tercer ojo. Puede desarrollar habilidades psíquicas y regular los primeros cinco chakras en su cuerpo si el chakra del tercer ojo está activo.

Estos seis chakras son las uniones de energía en su cuerpo. El tipo de chakra dominante dictará el camino de su vida. Sin embargo, usted tiene el poder de decidir cómo será su vida. Al activar el chakra del tercer ojo, usted puede regular el flujo de energía en todos los otros chakras debajo de él. Usted podrá tener el control activo de su vida y conducirá su vida en lugar de ser conducido por ella.

El dominio de este chakra hará que haya muchos conceptos erróneos sobre el chakra del tercer ojo. La gente cree que al activar el chakra del tercer ojo, puede obtener poderes sobrenaturales. No hay duda de que un chakra activo del tercer ojo le brinda un nivel excepcional de percepción; sin embargo, no es un poder mágico. Es el poder de ver hacia adentro. Usted se vuelve consciente de si mismo. Su conciencia alcanza nuevas alturas. Es un chakra que desbloquea su potencial para adquirir nuevas habilidades en la vida y abre el portal a nuevas dimensiones.

Capítulo 2: El Concepto del Tercer Ojo

El tercer ojo abre la puerta a la conciencia superior. Le permite a usted mirar más allá de los reinos de lo conocido. Desde tiempos inmemoriales, ha sido referido como el ojo que todo lo ve. Incluso cuando el conocimiento científico de la humanidad era limitado, se creia de forma muy arraigada que el tercer ojo podía permitirle a los humanos mirar más allá de lo conocido.

El tercer ojo siempre ha sido visto como una fuente de visión mística, que permite ver las cosas con mucho mayor detalle. Mejora su experiencia del mundo. Si su tercer ojo está activo y funciona bien, usted tendrá la capacidad de ver con claridad y su percepción será más aguda. Es posible que pueda sentir cosas que ninguna otra persona normal siente.

Todos tenemos esta capacidad, pero a menudo no está completamente desarrollada. Lo llamamos el sexto sentido o una sensación visceral. Indica que las cosas no son como se ven. Puede que usted no tenga una razón científica para creer lo que está sintiendo, pero en algún lugar profundo de su interior sabe que tiene razón. Este conocimiento inexplicable se conoce como el tercer ojo.

El tercer ojo a menudo se denomina ojo interno o ojo que todo lo ve. Hace a las personas clarividentes y mejora sus habilidades de precognición. Nuestros antepasados siempre han creído que un tercer ojo activo puede llevar a experiencias y visiones fuera del cuerpo.

La capacidad de poseer habilidades psíquicas y mayores poderes siempre ha sido la búsqueda de la humanidad. Siempre hemos querido saber más de lo que ya sabemos. Siempre ha habido limitaciones en las cosas que podemos saber. El tercer ojo derrota todos esos límites conocidos, y es por eso que es tan venerado.

Nuestros antepasados se quedaron enganchados con esta idea y creyeron que había un poder mayor dentro de nosotros mismos que podría permitirnos saber más de lo que sabíamos. En todas las culturas antiguas del mundo, usted encontrará la mención del tercer ojo de alguna forma. Tanto las culturas occidentales como las orientales han creído en la idea del tercer ojo.

La glándula pineal en su cerebro se considera el enlace con el tercer ojo. La gente ha creído que es la ubicación física del tercer ojo. La ciencia siguió considerándola una glándula vestigial durante mucho tiempo. Sin embargo, la investigación moderna ha demostrado que, después de todo, no es una glándula residual. Realiza varias funciones cruciales como la estimulación de varias hormonas importantes. También regula sus ritmos circadianos. Algunos investigadores también creen que la glándula pineal libera varias hormonas que pueden inducir diferentes estados de conciencia.

Comprender el concepto del tercer ojo y activarlo puede ayudar a obtener una mayor conciencia. Puede ayudarlo a ganar claridad de pensamiento y visión. El funcionamiento del tercer ojo puede mejorar sus habilidades cognitivas y hacer que sus instintos sean más agudos.

Este libro lo ayudará a comprender el tercer ojo y las formas de activarlo. También le mostrará las formas en que usted puede mejorar sus habilidades para ver las cosas con claridad.

Capítulo 3: El misterio de la glándula pineal y las razones de su calcificación

Cuando hablamos del tercer ojo, la referencia a la glándula pineal surge por sí sola. Esta es una glándula muy importante. Durante mucho tiempo, las personas consideraron que se trataba de una glándula vestigial sin función específica. De hecho, para ellos, era solo una glándula del tamaño de un chícharo en el centro de su cerebro sin un propósito claro. Sin embargo, no es una glándula vestigial como el apéndice. Realiza varias funciones importantes.

La glándula pineal desempeña un papel en la determinación de varias características físicas, como el color de su cabello, piel y ojos. También juega un papel clave en la regulación de la temperatura de su cuerpo.

Libera varias hormonas importantes como la hormona de la felicidad llamada serotonina. Esta hormona contribuye a los sentimientos de bienestar y felicidad. Por lo tanto, si usted se siente alegre hoy, su glándula pineal puede tener que ver con esto.

Esta glándula también libera la hormona melatonina que regula nuestro estado de vigilia y sueño. Sus ritmos circadianos están regulados por esto, ya que actúa como el reloj interno de su cuerpo.

Esta glándula también juega un papel importante en su desarrollo sexual.

Aparte de estas funciones fisiológicas, la glándula pineal también realiza otras funciones importantes. Es un órgano que regula sus sueños. También desempeña un papel importante en la dirección de sus emociones. Si usted cree que su poder de intuición es muy fuerte, proviene de esta glándula. La glándula pineal mejora sus habilidades cognitivas y aumenta sus habilidades de aprendizaje y capacidad de memoria.

Esta glándula se ha denominado el asiento del alma, y no ha sido sin razón. Esta es la glándula que le ayuda a conectarse espiritualmente. Si su glándula pineal es activa y saludable, significa que usted podrá crecer y evolucionar espiritualmente. Tiene un papel muy importante que desempeñar en su conciencia. Produce una sustancia llamada DMT que ayuda a expandir su conciencia. Esta glándula también lo ayuda a diferenciar la realidad de la ilusión. Esto respalda acertadamente el concepto de que un tercer ojo activo aumenta su sentido de la percepción. Simplemente, usted se vuelve más consciente. Su poder intuitivo se volverá fuerte si su glándula pineal está sana y activa.

Es muy importante activar su glándula pineal para activar su tercer ojo. Esta glándula es pequeña pero muy importante pues juega un papel en la elevación de sus niveles de conciencia y mejoramiento sus habilidades psíquicas.

Todos tenemos la glándula pineal, pero su funcionamiento sigue siendo básico. Este delicado órgano es propenso a la calcificación. Los metales y los fluoruros que provienen de su dieta, bebidas y contaminantes afectan gravemente su funcionamiento. El agua que bebemos tiene altas concentraciones de fluoruro que causa la calcificación de la glándula pineal. Los alimentos con altos depósitos de metales también conducen a la calcificación de esta delicada glándula. Aparte de todos estos factores, usted también debe trabajar en esta glándula regularmente o se marchitará por falta de uso.

Capítulo 4: Los mejores veintiún Alimentos y Suplementos que ayudan a curar la Glándula Pineal y a activar el Tercer Ojo

Usted puede activar su glándula pineal adoptando un estilo de vida saludable, consumiendo buena comida, tomando algunos suplementos y meditando.

Suplementos de Yodo: Los suplementos de yodo pueden ayudar a eliminar el exceso de fluoruro de su cuerpo.

Aceite de hígado de bacalao: Este aceite es rico en ácidos grasos Omega-3. Ayuda a nutrir la glándula pineal.

Aceite de Orégano: El aceite de orégano ayuda a fortalecer el sistema endocrino y la glándula pineal es parte de ella. Usted puede usarlo para limpiar su glándula pineal y restablecer el equilibrio de los chakras.

Vinagre de Sidra de Manzana crudo: Es muy útil en la descalcificación de la glándula pineal y también conduce a la desintoxicación. El ácido málico que contiene ayuda rápidamente a la descalcificación.

Alimentos ricos en Boro: Los alimentos ricos en boro como los aguacates, las almendras, las ciruelas y las pasas pueden combatir directamente los efectos del fluoruro en su cuerpo. Son sanos y seguros.

Arcilla de Bentonita: Usted puede consumir pequeñas cantidades de arcilla de bentonita para eliminar las toxinas de su cuerpo. Ayuda a eliminar los metales y otros químicos que dañan la glándula pineal.

Espirulina: Se sabe que este alga azul-verde tiene efectos terapéuticos. Es un suplemento muy nutritivo.

Chlorella: Al igual que la espirulina, este también es un útil complemento alimenticio.

Ginseng: Tiene varias propiedades medicinales y también ayuda a eliminar los metales pesados de su cuerpo.

Zeolita: Esto también ayuda a eliminar las toxinas y metales pesados de su cuerpo.

También puede incluir estos elementos en sus alimentos para acelerar el proceso:

- Cacao crudo
- Algas marinas
- Sandía
- Semillas de cáñamo
- Bananas
- Aceite de coco
- Bayas de Goji
- Ajo
- Miel
- Cilantro
- Limón y otros alimentos con ácido cítrico

Capítulo 5: Otras formas de descalcificar la Glándula Pineal

Aceites Esenciales: Estos son aceites naturales derivados de plantas, semillas y otras fuentes naturales. Estos aceites aromáticos ayudan a estimular la glándula pineal y a activar el tercer ojo. La energía natural en los aceites esenciales ayuda a equilibrar el chakra del tercer ojo. Además:

- Ayudan a mejorar la claridad de sus pensamientos.
- Mejoran su sentido de la percepción.
- Su conciencia intelectual aumenta con la ayuda de aceites esenciales.

Usted puede agregar los aceites esenciales a su agua de baño o poner un poco en sus almohadas. Inhalar los aceites esenciales antes de comenzar sus sesiones de meditación también ayuda a elevar su enfoque. Usted puede utilizar los aceites en difusores o puede inhalarlos en un nebulizador. Sin embargo, debe tener cuidado al tratar con aceites esenciales y no permitir que entren en contacto directo con su piel, ya que pueden ser muy potentes.

Algunos de los aceites esenciales más efectivos son:

- Lavanda

- Sándalo
- Incienso
- Davana
- Flor de Loto Rosada
- Perejil
- Pino
- Artemisa (no inhale demasiado)

Meditación: Es una de las formas más efectivas de utilizar su glándula pineal. La meditación ayuda a estimular la glándula pineal. Activa su tercer ojo y aumenta su capacidad para aprovechar su sentido de la percepción. Usted debe meditar regularmente para mantener su glándula pineal energizada y todos sus chakras de energía equilibrados.

Zumbidos, cantos o salmos: El zumbido o el canto también pueden desempeñar un papel muy importante en la activación de la glándula pineal. Las reverberaciones creadas por su sonido ayudan a activar la glándula pineal. Si simplemente usted hace un zumbido durante sus sesiones de meditación, encontrará que la meditación es fácil y más satisfactoria. Los cantos también tienen el mismo impacto, ya que crean el mismo nivel de frecuencias que estimulan la glándula pineal.

Evite la sobreexposición a CEM: En la actualidad existen los campos electromagnéticos artificiales. Utilizamos varios gadgets que emiten estas radiaciones de forma continua. Los dispositivos de telefonía móvil son los principales entre estos dispositivos. Se han convertido en un mal necesario en estos días. Facilitan el funcionamiento en la vida moderna de ritmo rápido. Sin embargo, mantenerlos siempre a su lado no es algo saludable. Lo mismo ocurre con las señales wifi. Nuestra mente permanece constantemente expuesta a estos CEM y eso tiene un efecto adverso. Intente evitarlo tanto como sea posible.

Los cristales pueden ayudar: Hay varias piedras naturales que tienen un impacto muy positivo en las energías de nuestros chakras. Al mantener esas piedras o cristales a nuestro lado, podemos asegurarnos de que nuestros chakras se mantengan equilibrados. Piedras como el zafiro púrpura, turmalina púrpura, rodonita, pietersita, sodalita, piedra de luna y la amatista ayudan específicamente a curar la glándula pineal.

Capítulo 6: Estrategia para descalcificar su Glándula Pineal

Si usted desea activar su chakra del tercer ojo, es muy importante prestar especial atención a su glándula pineal, ya que es el asiento del alma. Esta glándula desempeña un papel muy importante en el logro de una mayor conciencia, el logro de la clarividencia o el desarrollo de poderes psíquicos. Usted puede seguir el enfoque sistemático que se proporciona a continuación para asegurarse de que su glándula pineal se descalcifique y se mantenga saludable. Estas prácticas lo ayudarán a nutrir su glándula pineal y activar su tercer ojo:

1. El agua mezclada con fluoruro es una realidad que no podemos ignorar. Conduce a la calcificación de la glándula pineal. Usted puede prevenir la calcificación de la glándula pineal o acelerar su descalcificación utilizando agua destilada. Use agua destilada para beber, cocinar y, si es posible, incluso para bañarse.

2. Solo use pasta de dientes sin flúor.

3. Haga uso de suplementos que ayuden a la descalcificación de la glándula pineal. Si usted no puede tomar suplementos, consuma muchas frutas cítricas que contengan ácido cítrico,

ya que también ayudan a la descalcificación de la glándula pineal.

4. Consuma productos orgánicos: las frutas y verduras contaminadas con muchos químicos, pesticidas y herbicidas pueden llevar a la calcificación de la glándula pineal. Comer tales frutas no mejorará su salud y trabajará de manera contraproducente. Consuma la mayor cantidad de alimentos orgánicos que pueda.

5. Haga uso de aceites esenciales en su vida diaria: Los aceites esenciales son muy potentes. Tienen un fuerte efecto estimulante sobre la glándula pineal. Utilícelos para activarla.

6. Practique sonidos de zumbido siempre que tenga tiempo y especialmente antes de irse a la cama. El zumbido o el canto le ayudan a enfocar su mente en una dirección. También le ayudan a facilitar la conversación mental continua.

7. Evite los CEM tanto como sea posible: Evite especialmente el uso de dispositivos móviles en los lugares donde las señales son deficientes. Estos dispositivos emiten los CEM más fuertes en tales circunstancias.

8. Cristales y gemas: son buenas para usted pues le ayudan a equilibrar las energías en su cuerpo. Usted debe llevar consigo piedras preciosas de color índigo o púrpura en todo momento.

9. Tome conciencia de las cosas que suceden a su alrededor: La mayoría de las veces, seguimos haciendo las cosas sin pensar, sin prestar suficiente atención. Sea consciente de sus esfuerzos. Preste atención incluso a las pequeñas cosas que lo rodean. Esto también ayudará a elevar los niveles de conciencia dentro de sí. Su intuición, así como sus instintos, también mejorarán.

10. Preste atención a sus sueños: A medida que su glándula pineal se descalcifique y se active, sus sueños se volverán

vívidos. Su conciencia comenzará a expandirse. Empiece a esforzarse por entender los significados de sus sueños. Siempre note las cosas peculiares sobre sus sueños.

11. Dé la debida importancia a sus instintos: Lo primero que comienza a mejorar cuando se activa su tercer ojo es que su sexto sentido se vuelve más fuerte. Usted se vuelve más intuitivo. Usted comienza a sentir o a percibir cosas para las cuales no tiene una explicación razonable. No ignore tales sentimientos. No los esconda ni los deseche. Evalúe sus instintos. Cuente la cantidad de veces que sus instintos le han advertido algo correctamente. Son el primer paso para desarrollar los poderes de tu tercer ojo.

12. Amplíe su experiencia de vida: Cuando su glándula pineal se activa y su tercer ojo se despierta, la vida comienza a tocarle de muchas maneras diferentes. Usted puede sentir las cosas más profundamente. Su sentido de la percepción se vuelve intenso. No solo puede sentir cosas físicas, sino que también puede sentir las energías a su alrededor. Abre una dimensión completamente nueva. Usted no debe asustarse por estas experiencias y, en cambio, trate de entenderlas. Cuanto más intente comprenderlas, más agudo será el funcionamiento de su glándula pineal.

Capítulo 7: La Glándula Pineal y el Tercer Ojo: La Clave para una mayor conciencia

Reduce el Estrés, la Ansiedad y la Preocupación

La humanidad siempre ha tratado de encontrar formas de combatir el estrés, la ansiedad y las preocupaciones con la espiritualidad y la devoción. Cuando las preguntas se vuelven demasiado confusas y su mente no tiene las respuestas, usted recurre a los poderes de lo invisible. Cuando la ciencia no puede entender las cosas, las rechaza. Este fue el destino del concepto del tercer ojo. Nuestros antepasados en todas las culturas del este y el oeste han creído en el concepto del tercer ojo. Creían que tenía las respuestas a los problemas más complejos. La medicina moderna enseña a las personas que solo deben considerar lo que se puede ver, escuchar o tocar. Es por ello, que el estrés, la ansiedad y la preocupación siguieron siendo problemas que solo podían tratarse con pastillas. Lo que sucede es que tales tratamientos solo tratan los síntomas y nunca son duraderos.

Hasta hace poco, el tercer ojo era considerado un concepto adecuado para lo oculto o una idea favorecida por la espiritualidad. Los científicos no estaban listos para creer que se pudieran hacer cosas tan asombrosas con técnicas simples como la meditación. Pensaron que el sentido superior de percepción o conciencia no era posible en general. Esto ha sido respondido ahora. Una nueva investigación llevada a cabo por neurólogos y psicoterapeutas ha cambiado la manera en que la ciencia considera a la glándula pineal.

La serotonina y la melatonina son dos hormonas importantes estimuladas por la glándula pineal. Ahora se sabe que estas hormonas desempeñan un papel muy importante en la regulación de su estado de ánimo y los ciclos de sueño y vigilia. Estas dos cosas tienen un profundo impacto en la forma en que funcionamos en la vida. Nuestro conocimiento y experiencia del mundo tal como lo conocemos se rige por estas cosas. En un estado mental de desagrado, no podrá disfrutar de las cosas más hermosas del mundo. Si está triste, estresado o infeliz, incluso la comida más sabrosa no le parecerá atractiva. En contraste, cuando usted se siente contento, incluso sus comidas menos favoritas pueden tener un sabor ligeramente mejor para usted. La glándula pineal regula ambas hormonas. Si su glándula pineal funciona sin problemas, usted puede mantener el estrés y la ansiedad a raya.

La meditación ha sido considerada como una de las formas más efectivas de activar la glándula pineal y mejorar sus habilidades. La ciencia ha demostrado que la meditación puede traer cambios fisiológicos reales en el cerebro que ayudan en la evolución y el crecimiento de la glándula pineal. Esto hace que el concepto de conciencia superior sea una posibilidad.

La meditación también ayuda a reducir la liberación de la hormona del estrés llamada cortisol. Esta hormona puede iniciar varios procesos negativos. Tiene un fuerte impacto fisiológico en su cuerpo. Desde la obesidad hasta las respuestas inflamatorias adversas, el cortisol es un gran agresor. La meditación puede ayudarlo a suprimir la liberación de esta hormona.

También se ha demostrado que una glándula pineal activa puede ayudarlo a reducir su sentido del miedo. Si su sentido del miedo disminuye, no mostrará respuestas frecuentes de "lucha o huida" en un abrir y cerrar de ojos. En consecuencia, sus reacciones a las situaciones se volverán más sutiles.

Sabios, videntes, monjes y personas que se entregan a la devoción son conocidos por mostrar signos reducidos de temor. La conciencia espiritual hace descender tales respuestas. Ahora sabemos que la espiritualidad tiene una conexión profunda con la glándula pineal y el tercer ojo. El tercer ojo abre la puerta a la conciencia espiritual. Su sexto chakra lo ayudará a elevar su conciencia y a abrir el séptimo chakra de la dimensión espiritual.

Entonces, si su glándula pineal está sana y su tercer ojo está activo, tendrá menos preocupaciones. Sus niveles de ansiedad bajarán y sus reacciones a situaciones en la vida se volverán estables, y reaccionará de una manera calmada y serena.

Nuestras reacciones a las situaciones dependen de nuestra experiencia mundana y la forma en que nuestro cerebro procesa esa información. Entre su ojo y la glándula pineal se encuentra el córtex orbitofrontal. Es muy importante pues recopila información a medida que ve y experimenta cosas en el mundo exterior y la distribuye a otras partes del cerebro para su uso. Este es el punto principal donde toda la información va y viene. El resultado de esta parte determinará su comportamiento, sus respuestas emocionales y fisiológicas.

Una glándula pineal sana que trabaja con la corteza orbitofrontal, ayuda a formar una sincronización entre la información que va y viene. Una mayor sensación de conciencia dirigida por la glándula pineal puede ayudar a provocar reacciones estables. Su nivel de tolerancia a las situaciones puede aumentar fenomenalmente. La glándula pineal puede ayudar a moderar las reacciones en gran medida. Las personas que meditan por períodos más prolongados y tienen una glándula pineal sana y un tercer ojo activo, tendrán una frecuencia cardíaca, flujo sanguíneo, umbral del dolor, etc. muy controlados.

El hipocampo, es un área específica de nuestro cerebro que tiene un profundo impacto en su memoria y conciencia. Usted puede trabajar proactivamente para expandir su hipocampo a través de la meditación del tercer ojo. Es humanamente posible hacer esto concientemente. El estrés, por otro lado, puede llevar a la contracción en el tamaño del hipocampo. Cuanto más estresado permanezca, más bajos serán sus niveles de conciencia.

Por lo tanto, es posible superar los sentimientos de estrés, ansiedad y preocupación. Estas son respuestas a la forma en que nuestro cerebro procesa la información recibida del mundo. Podemos mejorar activamente el mecanismo que procesa esta información correctamente.

El estrés, la preocupación y la ansiedad patean el mecanismo de supervivencia. Estos sentimientos nos mantienen confinados a las raíces. Siempre nos mantenemos ocupados con pensamientos de autoconservación y nunca miramos más allá, aunque queramos hacerlo.

La búsqueda de conocimiento y sentido de mayor propósito siempre ha intrigado a la humanidad. La supervivencia no ha sido el único foco de nuestra raza, y esto nos hace diferentes de otras especies. El tercer ojo nos ayuda en esta búsqueda.

Siempre hemos aspirado a mirar más allá de los límites de las cosas que se pueden ver. Queremos saber cosas que están más allá de la comprensión. Todos queremos saber qué nos depara el futuro. Sin embargo, todo esto es imposible a través de los medios físicos disponibles. Los ojos físicos tienen limitaciones. Este es el punto desde el cual el tercer ojo que todo lo ve, gana prominencia.

El tercer ojo puede ayudarnos a tener una visión más amplia. Trae consigo el poder de la sabiduría y la previsión. Abre los portales a la visión cósmica. Se cree que el tercer ojo despierto puede diluir las barreras del tiempo y el espacio. Funciona más allá de las cuatro dimensiones conocidas.

La ubicación física del tercer ojo místico es la glándula pineal. Una vez activada, esta glándula puede ayudarlo a adquirir mayor conciencia y también habilidades psíquicas. La energía etérea en su cuerpo se vuelve intensa.

Activar el tercer ojo lo ayudará a superar estas restricciones y expandirá la profundidad de su pensamiento y conciencia. Usted experimentará el mundo bajo una nueva luz.

Capítulo 8: El Tercer Ojo es una fuente de habilidades asombrosas

En los capítulos anteriores aprendimos que el tercer ojo no es simplemente un concepto mítico. Durante miles de años, la humanidad ha creído en el concepto del tercer ojo. La representación del tercer ojo y la piña, que es un símbolo de la glándula pineal, se puede observar en casi todas partes. Los egipcios creían en el concepto y los hindúes y los budistas todavía creen firmemente en el concepto del tercer ojo.

Veneramos mucho el tercer ojo porque sabíamos que podía desbloquear varias habilidades sorprendentes. Además del conocimiento, la sabiduría y el intelecto, el tercer ojo también tiene la capacidad de desbloquear habilidades psíquicas. Cuando su tercer ojo haya despertado, usted mirará al mundo con una mejor visión. Usted tiene un ojo que todo lo ve dentro de usted, que puede ayudarlo a ser testigo de cosas que otros no pueden.

Esta es una razón por la que la mayoría de las personas intrigadas por lo oculto y los fenómenos asombrosos están fascinados por la idea del tercer ojo.

Usted puede tener algunas de estas habilidades si ha despertado su tercer ojo:

La clarividencia o visiones psíquicas

Es la capacidad de la vista psíquica. Esto significa que usted puede ver lo que otros no pueden. La gente siempre ha considerado esta habilidad como un regalo. Sin embargo, todos tenemos esta capacidad hasta cierto punto. Algunos niños pequeños tienen habilidades clarividentes más fuertes que los adultos. Son capaces de sentir espíritus, energías y contratiempos futuros. Sus mentes no están completamente desarrolladas para comprender los significados de algunas señales, pero sí ven las cosas con mayor claridad. A medida que envejecemos, nuestra glándula pineal se calcifica y sus habilidades psíquicas se vuelven débiles.

La activación del tercer ojo también implica la descalcificación de la glándula pineal. Ayuda a mejorar nuestro sentido de percepción. Somos capaces de sentir mejor la presencia de energías, espíritus y augurios. A medida que nuestras mentes son más maduras, podemos deducir los significados correctos de esas señales.

Esta es una de las habilidades psíquicas más deseadas de todas, ya que le da un control real de las cosas que suceden a su alrededor. Incluso, usted puede predecir cosas que aún no han sucedido con cierto nivel de precisión.

Esto no sucede debido a la magia. Su mente tiene la habilidad de sentir las energías. Su cuerpo en sí mismo es una bola de energía intensa. Cuando su sentido de percepción aumenta debido al despertar del tercer ojo, usted puede sentir estas energías claramente. Este mayor sentido de la percepción lo hace diferenciarse de otros. Usted comienza a ver las cosas claramente por las deducciones o el juicio de nuestros prejuicios. Su vista y sus experiencias se aclaran.

Usted puede desarrollar habilidades clarividentes mediante la práctica de la meditación una vez que se haya activado su tercer ojo.

Observar Auras

Todo el universo es una forma de energía. Nosotros, al ser parte del universo, también somos energía. La cualidad característica de la energía es que se irradia. Cada ser vivo tiene un campo electromagnético de energía que envuelve a toda la persona. Este campo de energía se llama el aura. Nuestro cuerpo no es simplemente la forma física. La energía emocional, etérica, mental, astral, celestial también están presentes en el cuerpo. Todas estas energías emiten radiaciones específicas o auras en forma de colores. Estos colores se pueden ver y pueden ayudar a identificar el tipo de energía que domina a una persona. Este arte se llama observando auras.

Cuando su tercer ojo se activa y comienza a funcionar correctamente, usted puede desarrollar los poderes para ver estas auras o campos de energía. La mayoría de nosotros tenemos este poder, pero nunca es muy fuerte. Sin embargo, cuando usted va a algún lugar o se encuentra con alguien, puede sentir la energía negativa o vibraciones. Usted no necesita la ayuda de otros para saberlo. El despertar del tercer ojo simplemente magnifica esta habilidad. Usted podrá distinguir claramente las auras sin abrir los ojos. Podrá sentir auras que ni siquiera tienen un cuerpo físico y podrá ver la energía, oscuridad o luz en su forma más vívida.

Esta habilidad comienza a desarrollarse naturalmente cuando medita y activa su tercer ojo. Usted podrá sentir la presencia de energías negativas o positivas. Las vibraciones que vienen de la gente serán muy claras y fuertes. No necesitará una introducción para conocer los rasgos básicos de una persona. Si quiere desarrollar esta habilidad, entonces la meditación y el enfoque son las formas principales de hacerlo.

Proyección Astral o Viaje Astral

La proyección astral es una forma de tener experiencias fuera del cuerpo. Esto es, nuevamente, una habilidad que todos tenemos hasta cierto punto. En momentos de experiencias cercanas a la muerte, traumas, enfermedades, las personas pueden sentir que han abandonado el cuerpo y han viajado lejos. Sin embargo, tales experiencias nunca son voluntarias.

"Soñar despierto" es una mejor descripción de los viajes astrales. Estamos hechos de energías. Con las habilidades psíquicas proporcionadas por el tercer ojo, puede hacer que sus energías abandonen su cuerpo y viajen a voluntad. Aunque los viajes astrales duran breves períodos, su experiencia puede ser muy, muy larga, porque, como en otras dimensiones, el tiempo no es relativo. Usted puede comunicarse con otras energías que no tienen un cuerpo propio. Usted puede viajar lejos y volver. Permanecerá en completo control de sí mismo. Podrá ver el mundo desde una perspectiva completamente diferente. Su visión del mundo cambiará completamente.

Aunque la proyección parece muy mística, es una realidad. No todos somos solo este cuerpo. El cuerpo es una parte muy insignificante de nuestro ser real. No moriremos simplemente cuando este cuerpo deje de funcionar, pues en los niveles de energía, continuaremos viviendo para siempre. Usted puede desarrollar los poderes de la proyección astral despertando su tercer ojo y haciéndolo poderoso haciendo meditación regularmente.

Todos estos poderes son reales; los tenemos todos en formas latentes, ya que no los ejercitamos regularmente. Usted puede fortalecerlos practicándolos regularmente.

Sin embargo, es importante que antes de comenzar a practicar estos poderes, usted fortalezca sus poderes por completo. Todas las energías que nos rodean no son positivas e inofensivas. El mundo está lleno de energías negativas que intentarán interactuar con usted o influenciarlo. Si usted no tiene suficiente protección, puede verse influido por ellos y hacerse daño.

La meditación es una de las mejores maneras de activar su tercer ojo y fortalecer sus poderes. Usted podrá desarrollar los poderes deseados con la meditación y mantenerlos bajo su control. Si permanece dedicado y enfocado, no hay nada que le impida alcanzar sus metas.

Capítulo 9: Preparaciones previas importantes para la activación del Tercer Ojo

El tercer ojo ha ganado mucha atención en los últimos años. Se ha convertido en un gran recurso científico que abre la puerta a nuevas dimensiones de conocimiento y poder. Este concepto lo ha hecho místico. Ha comenzado su carrera y muchas personas comenzaron una búsqueda del tesoro para el tercer ojo. Esto es un error. Se convertirá en el mayor impedimento para activar su tercer ojo. Cuanto más esfuerzo haga y más desesperado esté, más difícil le resultará.

El tercer ojo es una puerta al conocimiento, la conciencia, la sensibilización y la espiritualidad. Otros poderes como las habilidades psíquicas, la percepción acrecentada y el sexto sentido despertado son simplemente los productos derivados del proceso. El tercer ojo activo aumentará el sentido de la percepción en usted. Este es un poder más allá de todos los poderes. Es una experiencia iluminadora donde usted puede conocer y ver las cosas mucho mejor que los demás.

El tercer ojo está presente en todos nosotros. Sin embargo, permanece inactivo en la mayoría de nosotros. La calcificación de la glándula pineal y la falta de conocimiento son algunas de las razones comunes para no prestarle atención. En los últimos años, se han realizado muchas investigaciones y se ha registrado el efecto de activar el tercer ojo en la conciencia y el bienestar.

Sin embargo, si bien hay una curiosidad incipiente en las personas sobre la activación del tercer ojo, el proceso todavía no está claro. Usted podrá ver miles de videos en YouTube y leer material en Internet sobre el tercer ojo, pero nada le dará una forma coordinada de activar el tercer ojo. Esto genera mucha confusión. Las personas comienzan a tratar de activar su tercer ojo de una manera incorrecta y los resultados son malos. En algunos casos, esto puede ser desventajoso para el profesional de muchas maneras.

Es importante que usted comprenda la razón de esta ambigüedad en los procedimientos. La primera razón es la naturaleza metafísica del sujeto. El tercer ojo no es un ojo físico. No tiene un interruptor "on". Hay procesos que pueden ayudar a activar el tercer ojo, pero las personas pueden tardar un tiempo diferente para activarlo. No es lo mismo para todos. Esto lleva a una sensación de desesperación en algunas personas. Se desaniman y dejan de practicar. Algunos comienzan a buscar los atajos y se pierden en el camino.

La segunda razón es la ausencia de un camino verdadero. Hay muchas formas de activar el tercer ojo, pero no hay una forma única o particular de activar su tercer ojo. Usted puede activar su tercer ojo simplemente con una observación solar en la mañana o puede llevarle meses de meditación. Cuando las personas no están preparadas para dedicar el tiempo y la energía necesarios para el proceso, comienzan a desmoralizarse. Pierden la esperanza muy pronto y dejan de trabajar. Es un proceso que requiere una gran devoción, ya que abre el camino de la conciencia. Si usted desea ser un iluminado, no debe tener prisa.

En el curso normal de la vida, nuestras experiencias son limitadas. Las experiencias físicas y psicológicas son los dos únicos tipos de experiencias que conocemos. Estas son las únicas dos dimensiones en las que gira toda nuestra vida. Esto limita nuestra percepción. El tercer ojo nos abre una nueva dimensión. Nos volvemos más conscientes de las cosas que no hemos podido sentir hasta ahora y esto puede ser demasiado con lo que lidiar. El tercer ojo aumentará su sentido de la percepción, y esto significa que usted podrá sentir cosas que los demás generalmente no sienten.

Esta puede ser una experiencia un tanto aterradora para muchos. También funciona según su estado de ánimo actual. Si usted está en un estado mental negativo, entonces es más probable que atraiga poderes negativos. Si tiene miedo, no espere ser valiente a través de esta experiencia. De hecho, la activación del tercer ojo puede hacerlo más temeroso. Usted puede comenzar a experimentar sus peores temores con mayor intensidad. Es debido al hecho de que el miedo conduce a energías negativas y atraerá más energías negativas en ese caso.

Para mantenerse seguro y libre de tales temores, es importante que haga bien su preparación. No salte de inmediato para activar el tercer ojo antes de habilitarse para manejar bien el poder. Usted tendrá que construir suficiente protección a su alrededor para manejar los poderes superiores de manera eficiente. Recuerde, la activación del chakra del tercer ojo es un proceso que implica la activación de muchos otros chakras también. Usted no debe acelerar el proceso pues no solo interrumpirá los resultados, sino que también puede ser perjudicial.

Este capítulo lo ayudará a prepararse bien para activar su tercer ojo. Usted aprenderá algunas cosas básicas que debe recordar antes de comenzar a trabajar para activar su tercer ojo. Le ayudará a comprender los requisitos del proceso. También, usted podrá desarrollar las habilidades necesarias para soportar el conocimiento y el poder que recibirá una vez que su chakra del tercer ojo se active.

Activar el chakra del tercer ojo lo ayudará a realizarse intelectualmente. Usted alcanzará una etapa en la que los pensamientos inútiles de la mente no pueden tocarlo. Las luchas triviales de la mente llegarán a su fin, y usted podrá ver este mundo desde una perspectiva diferente. Asimismo, usted podrá ver claramente dentro de su mente y el mundo exterior.

Cultivar la Conciencia

Todos nos consideramos conscientes. Usted puede que tenga un poco de duda sobre ese hecho. Caminar, comer, dormir, trabajar y otras actividades similares que se llevan a cabo en esta vida son parte de estar consciente. Sin embargo, rara vez reflexionamos sobre el hecho de que en realidad no estamos haciendo estas cosas conscientemente, sino que simplemente participamos en el diseño general. Todos somos los dientes de la rueda. No somos conscientes de las cosas que suceden a nuestro alrededor y de las razones por las que ocurren.

Ni siquiera somos conscientes de las cosas simples que suceden en nuestras vidas y que son muy importantes. Hablamos sobre el mundo, la política, los problemas globales, la violación de los derechos, la explotación y otros temas similares. Sin embargo, no nos damos cuenta de que podemos tener un papel que desempeñar en esas cosas de muchas maneras. Incluso dejamos de ser conscientes de las cosas buenas que ocurren en nuestras vidas.

Primero, centrémonos en las cosas buenas. Examinemos si somos conscientes de las cosas buenas que suceden a diario en nuestras vidas.

La respiración es una parte elemental de nuestra supervivencia. Podemos vivir sin hogar y sin ropa durante semanas, meses y años. Nuestros antepasados han sobrevivido durante miles de años sin estos dos lujos. Podemos vivir días sin comida. Comenzaremos a sentirnos débiles y perderemos la fuerza, pero sobreviviremos de todos modos. Podemos sobrevivir incluso sin agua por un par de días. Será complicado y la vida será difícil, pero su cuerpo logrará sobrevivir durante varias horas si no obtiene agua.

¿Se imagina vivir sin aire incluso durante un par de minutos? Si usted pierde el siguiente aliento, se libera de este mundo. Su vida estará colgando de un hilo del siguiente aliento. Si usted pierde un par de ellos, el mundo entero se convertirá en algo del pasado para usted.

Sin embargo, la conciencia acerca de esta respiración no es una prioridad. Casi nunca somos conscientes de ello. Casi nunca recordamos estar agradecidos por ello. No somos lo suficientemente amables como para darnos cuenta de la importancia de que cada respiración nos llegue sin esfuerzo. Las cosas menos importantes de la vida están siempre en nuestra lista de prioridades. Simplemente queremos cosas que no necesitamos para sobrevivir, y nos olvidamos de dedicar tiempo a pensar en una cosa sin la cual no podemos sobrevivir.

Ser consciente es muy importante. Usted necesita ser consciente de las cosas en la vida. Sus prioridades deben ser claras antes de poner un pie hacia la realización de cualquier poder mayor. Si usted no es consciente de las cosas buenas de la vida, la apertura del chakra del tercer ojo no le hará mucho bien en la vida. Incluso el proceso de abrir el chakra del tercer ojo será difícil y le llevará mucho tiempo.

El chakra del tercer ojo abre la puerta a una mayor realización. Es el ojo metafísico que se abre dentro de usted. También usted tiene dos ojos físicos, pero solo pueden ver hacia afuera. Usted nunca puede mover los globos oculares hacia adentro para ver las cosas. El tercer ojo, por otro lado, puede ver tanto hacia adentro como hacia afuera. Puede ayudarlo a encontrar la solución para problemas mayores. Puede buscar las respuestas correctas, pero si no está consciente, seguirá buscando las respuestas incorrectas.

El primer paso en su preparación es tomar conciencia. Sea consciente de la vida que le rodea. Sea consciente de sí mismo. Empiece a mirar las cosas en la vida de cerca. Esto le dará una perspectiva positiva. Nuestra perspectiva más amplia nos ha hecho desagradados y despreocupados de las pequeñas cosas de la vida. No reconocemos la belleza y el esfuerzo en las cosas pequeñas de la vida. Tomar conciencia nos ayudará a superar esta barrera.

Usted también notará más fácilmente los cambios que tienen lugar en el interior. Las personas que no son conscientes del proceso y las cosas pequeñas de la vida no notan los cambios sutiles que tienen lugar. Siempre piensan que la realización vendrá como un boom. Creen que su tercer ojo se abrirá con un estallido y se volverán visibles y poderosos. Se decepcionarán pues no sucederá de esta manera.

Activar el chakra del tercer ojo también implica trabajar con otros chakras en su cuerpo. Usted necesita crear un equilibrio. Cualquier chakra hiperactivo en su cuerpo dará lugar a problemas. El chakra del tercer ojo también llamado "Ajna Chakra" es el sexto chakra del cuerpo. Este chakra ayuda a lograr un mayor sentido de conciencia y realización. Activar el chakra del tercer ojo lo ayudará a ser más perceptivo del conocimiento y la espiritualidad. Usted podrá usar las energías a su alrededor de una mejor manera de una forma más eficiente. Además, usted podrá detener las energías negativas y cultivar la positividad, pero para hacer todo eso, necesitará ser más consciente.

Entonces, simplemente tome conciencia de las cosas que lo rodean. Preste atención a las pequeñas cosas que suceden en su vida. Otorgue crédito a los pequeños placeres de la vida. Sea agradecido por la positividad en su vida. Es la única manera de ser más consciente de la vida. Todos seguimos preocupados por los problemas más grandes sin prestar atención a los problemas más pequeños.

Usted quiere que otros países muestren humildad y está perturbado por el comportamiento insensible de las celebridades. Sin embargo, usted no muestra cortesía hacia las personas en su vida. El cajero, el personal de seguridad, los proveedores, todos ellos son personas importantes en nuestras vidas que no obtienen el debido crédito simplemente porque no nos damos cuenta. Tomar conciencia lo hará un mejor ser humano y lo preparará para el poder más grande.

No se Desespere

La desesperación generalmente nos conduce a fracaso y trae desesperanza en la vida. La desesperación al caminar por un camino indefinido puede ser difícil.

Despertar el tercer ojo es un proceso difícil. Lo que lo hace aún más complicado es el hecho de que nunca se puede estar seguro de la magnitud del despertar en las etapas iniciales. Mostrar desesperación en tal caso, solo lo hará sentir más derrotado.

Las personas que comienzan la búsqueda del despertar el tercer ojo para obtener beneficios materiales son las más desesperadas. Sus posibilidades de fracasar son las más altas. Es necesario comprender que despertar el tercer ojo no es el objetivo final. El tercer ojo es un hito, no el final. El despertar del tercer ojo lo conducirá a la realización intelectual y despertará su sentido de la percepción. Pero el viaje de la realización espiritual está muy por delante incluso de este punto. La desesperación no ayudará a la causa.

Cuando usted comience el proceso de despertar el tercer ojo, no necesitará preocuparse. Obligarse a sí mismo a prestar demasiada atención no es necesario. Simplemente, usted necesita tomar conciencia de las cosas que lo rodean. Si usted empieza a tomar nota de cada pequeño cambio en usted y a su alrededor, se enojará y eso no ayudará a su causa.

Lo único que debe hacer es ampliar su perspectiva. Empiece a pensar por encima de sí mismo. Comience a apreciar las cosas que lo rodean y las cosas pequeñas de la vida. No se preocupe de más por las pequeñas cosas que le suceden. Activar el chakra del tercer ojo también implica equilibrar todos los otros chakras en su cuerpo. Si usted comienza a forzarse hacia el chakra del tercer ojo, puede crear un desequilibrio.

Por lo tanto, usted simplemente necesita ser consciente. Empiece a mirar las cosas desde una mejor percepción. Usted no necesita hacer más nada; solo debe ser más consciente.

El tercer ojo es su propia conciencia. Usted tiene la capacidad de percibir las cosas con mayor claridad. Sin embargo, si sigue forzando cosas en su mente, se volverán enredadas y poco claras. Entonces, deje de forzar pensamientos en su mente. Su mente necesita estar relajada. Simplemente necesita sentir todo lo que sucede dentro y alrededor de usted.

Tome conciencia de su respiración. Al menos un tiempo cada día, preste atención a su proceso de respiración. Disfrute del placer que aporta. Respire profundamente y sienta el aire que pasa a través de su cuerpo. Esto le dará un control sobre la idea de la conciencia. También lo ayudará a aclarar sus pensamientos y relajar su mente.

Despertar el tercer ojo es un proceso de aceptar nuevas realidades y dejar de lado algunas cosas en la vida. Si usted tiene algunos sentimientos en contra de personas en su vida, entonces debe soltarlos. Activar el tercer ojo es un proceso poderoso. La acumulación de energías negativas no solo es perjudicial para las personas que lo rodean, sino también para usted. Recuerde, las energías negativas solo atraen energías negativas. Por lo tanto, usted debe cultivar la positividad en sí mismo. Solo podrá relajarse de verdad cuando usted esté lleno de positividad.

No deje que la imaginación domine su vista

Cuando las personas activan el tercer ojo, uno de los mayores problemas en términos reales es un énfasis excesivo en sus habilidades. El repentino bombo sobre el tercer ojo ha llevado a varias creencias erróneas. Algunas personas dicen que ven ángeles, demonios, luces y otras cosas similares. La vida hace el resto por el mundo. En el momento en que usted comience a meditar para activar tu tercer ojo, su enfoque principal es buscar esas imágenes. Sin embargo, esto no es un problema.

Su mente es una máquina muy poderosa y eficiente. De hecho, es cientos de veces más potente que la supercomputadora más potente jamás construida hasta la fecha. Usted comenzará con la creencia de que una vez que su tercer ojo se activa, comenzará a ver algunas cosas en particular y, quién lo iba a decir, incluso antes de que usted capte las cosas, comenzará a visualizarlas. El problema es que esto no significa que su tercer ojo esté activo. Podría ser su mente jugándole trucos.

La experiencia del despertar del tercer ojo puede ser diferente para cada individuo. No hay una fórmula estándar para eso. No hay parámetros y no hay manera de medir el nivel de despertar. Su tercer ojo se activará y se volverá más activo con la práctica y su sentido de la percepción mejorará con el tiempo y la práctica. Usted podrá ver las cosas desde una perspectiva mejor y más positiva. El despertar del tercer ojo no es un hecho para el desarrollo de los poderes psíquicos. Este es solo un aspecto de un tercer ojo despierto. Por lo tanto, es importante que se dé cuenta de estas dos cosas:

> 1. Es posible que usted no vea las cosas que otros le cuentan sobre el despertar del tercer ojo. Incluso puede verlas el primer día, y puede que no signifique nada en realidad, ya que es su mente que está haciéndole trucos. Este no es un parámetro del despertar del tercer ojo. Usted debe dejar de visualizar cualquier cosa como ángeles o demonios y túneles de luz u oscuridad. No es la imagen o la visualización, sino la conciencia lo que importa al final.
> 2. Incluso después de que su tercer ojo se haya despertado, los poderes psíquicos pueden tardar algún tiempo en desarrollarse. Usted podrá percibir las energías a su alrededor de una mejor manera. Su sexto sentido se hará más fuerte. Sin embargo, el poder de prever el futuro o predecir las cosas nunca es una certeza incluso después de que el tercer ojo esté completamente despierto.

Hay muchas formas de activar el tercer ojo, y la visualización también es una de ellas. Sin embargo, usted no debe dejarse engañar por tales cosas cuando medita. Si usted está buscando específicamente ciertas imágenes en su proceso de meditación, puede comenzar a verlas muy pronto. No es el tercer ojo el que hace el truco, sino su mente.

La mejor manera de avanzar en este camino es ir con una mente clara. Concéntrese en su proceso de meditación. Siempre debe tratar de mantener su mente lo más calmada posible. Mantener la mente tranquila y relajada es un paso importante para despertar el tercer ojo. Usted siempre debe enfocarse en la técnica sin enfatizar el resultado. Ser más consciente es la clave del éxito en este camino.

Mientras usted intenta activar su tercer ojo, su mente intentará hacerle creer que ha alcanzado su objetivo. Hay otras energías a su alrededor que también actuarán dentro de usted. No debe desviarse del camino y no permita que le afecten estos factores.

Mantenga una rutina constante y su mente clara. No tenga miedo ni se deje influenciar por tales factores. Son solo pequeños impedimentos en el camino, y desaparecerán a medida que usted avanza en el camino.

Permanecer fiel a sí mismo es la clave aquí. Recuerde, usted no está haciendo esto por el mundo. No es algo que se pueda mostrar al mundo. Por lo tanto, siempre necesitará permanecer fijo en tu objetivo.

Experimente el Cambio

La verdadera medida de un tercer ojo despierto es su experiencia. A medida que su tercer ojo se active, su experiencia de vida cambiará. Usted podrá percibir las cosas de una mejor manera y su perspectiva de las cosas cambiará de manera positiva. El tercer ojo activo es un estado de conciencia elevada. En este estado, usted podrá ver la vida con mayor positividad.

Es un estado de mayor conciencia en el que usted se realiza intelectualmente. En este estado, los asuntos mundanos lo afectarán menos. Esto no significa que el mundo comience a funcionar de una manera diferente, pues no lo hace. Simplemente usted comienza a reaccionar de otra manera. Usted puede comenzar a meditar por más tiempo. Puede comenzar a sentir una calma dentro de usted y puede dejar de agitarse por las pequeñas cosas que suceden a su alrededor.

Esta experiencia lo ayudará a comprender su verdadero estado de despertar. Confiar en su experiencia es la única forma de realizarla. No siga los estándares establecidos por otros. Es una experiencia única para todos. Puede venir lentamente o también puede llegar en un instante, como si alguien hubiera pulsado un interruptor. Funciona de manera diferente para todos y, por lo tanto, no debe pasar por la experiencia de otros.

Prepararse para esta realidad le ayudará a mantenerse más contento y enfocado. En esta era de internet, es muy fácil seguir una mala dirección. Usted puede comenzar a buscar signos específicos y esto siempre lo mantendrá colgando de un hilo. Es posible que usted tenga una experiencia superior mientras busca algunas cosas frívolas. Por lo tanto, es importante que siempre confíe en su experiencia.

Disfrute sus experiencias y permanezca consciente de los cambios. Tome conciencia de las cosas que suceden en usted y alrededor de usted.

Su experiencia es la única prueba verdadera de su éxito. Cuanto más consciente se sienta, más activo estará su tercer ojo. Siempre debe centrarse solo en este aspecto. Es posible que todo lo que haya escuchado o leído sobre el poder del tercer ojo nunca sea cierto para usted. Activar el tercer ojo no lo convertirá en mago, lo hará un curandero. Por lo tanto, podrá curarse a sí mismo y después de algo de práctica, incluso podrá curar a las personas que lo rodean con su conciencia. Nuestra conciencia es terapéutica y tiene un efecto curativo natural. La positividad que emite puede hacer que usted y las personas a su alrededor se sientan mejor. La señal tiene que venir de usted.

En el momento en que logre sobrepasar sus dolores y tristezas, se dará cuenta. En el momento en que pueda dejar el equipaje del pasado, se sentirá realizado. En el momento en que usted sea capaz de mirar hacia el futuro, se dará cuenta. Se transformará en esta etapa y se convertirá en un ser iluminado. Esta iluminación intelectual es un verdadero signo del despertar del tercer ojo. Debe buscarlo en su experiencia del día a día.

Evite el exceso de análisis

Tenemos una mente discernidora y analizamos las cosas. Además, hipotetizamos sobre las cosas. La percepción es un enfoque completamente diferente. Nuestra mente racional siempre está en el análisis de las cosas. Usted necesitará hacer una pausa en esta etapa. Si permanece enfocado en deducir todo en la forma de activar el tercer ojo, es posible que nunca alcance su objetivo. Tendrá que centrarse más en la experiencia que en el análisis.

Debe dejar de juzgarse a sí mismo y a su experiencia en cada paso de la escalera. Tendrá consecuencias de largo alcance en su experiencia.

Activar el tercer ojo implica mucha meditación. Se sentirá en un estado de quietud con una mente tranquila. Este estado de tranquilidad mental es el más difícil de lograr incluso para los practicantes más profundos. Usted podrá alcanzar este estado solo por breves momentos. Si continúa analizándose a sí mismo y a su progreso excesivamente, es posible que nunca logre realmente este estado.

El despertar del tercer ojo, eleva su sentido de la percepción. Este es un estado que desafía la lógica. Simplemente usted sabrá cosas y su sentido de la percepción se eleva al siguiente nivel. Si usted continúa analizando las cosas en esta etapa, puede que le resulte difícil adaptarse al estado. Por lo tanto, el sobre-análisis de la materia o su estado es una cosa que debe evitar al activar su tercer ojo.

La mejor manera de lidiar con el estado es vivir el momento. No reaccione exageradamente a los pequeños cambios que tienen lugar dentro de usted. Dele un pequeño descanso a su mente discursiva y enfóquese solo en su experiencia. Es un estado de experiencia más allá de las experiencias fisiológicas y psicológicas que usted conoce.

Un tercer ojo activo le ayudará a abrir nuevas dimensiones de experiencia. Usted podrá experimentar energías junto con cosas físicas. Las energías positivas y negativas tendrán un profundo impacto en usted. Puede haber posibilidades cuando usted pueda experimentar las energías negativas en las personas que lo rodean sin que se lo digan. Debe confiar en sus instintos, ya que el tercer ojo activo le da el poder de percibirlos con fuerza y claridad.

Practique

Si hay una cosa que no tiene sustituto, es el arte de "practicar". Usted debe comprender muy claramente que el tercer ojo siempre ha estado dentro de usted. No hay ningún aparato o forma de activarlo que no sea la práctica. Con la práctica, usted puede despertar su tercer ojo y obtener los beneficios.

Usted debe practicar la meditación todos los días. No se requiere hacerlo por mucho tiempo. Sin embargo, ser inconsistente en la práctica puede retrasar mucho la activación. La activación del chakra del tercer ojo requiere la activación de los otros cinco chakras en su cuerpo. Debe sincronizarlos, y solo entonces puede tener lugar un verdadero despertar. Estos chakras están continuamente en trabajo. Permanecen en un estado hiperactivo de actividad o poco activos según las diversas condiciones físicas y psicológicas que usted experimente. La meditación lo ayuda a coordinar estos chakras.

La práctica regular también es muy importante para hacerlo más receptivo a las nuevas experiencias. Cuanto más practique, más consciente se volverá. Practicar diversas técnicas como los ejercicios de respiración y la meditación lo ayudarán a estabilizar su cuerpo y su mente. Podrá controlar sus pensamientos y sentarse durante períodos de tiempo más prolongados. También mejora su habilidad para percibir las energías.

La práctica lo hará más dedicado y estable. Usted podrá tener mayor concentración y su sentido de percibir energías también aumentará con la práctica. Activar el tercer ojo y mantenerlo activo es un proceso continuo. Simplemente, usted no puede mantenerlo activo sin práctica, por lo que necesitará practicar regularmente. Se convierte en un proceso simple y fácil una vez que se acostumbra. Usted también comenzará a disfrutar de los frutos de su trabajo, por ejemplo, de la "calma interior".

Haga una rutina para su práctica. Fije un lugar en su hogar donde practique diariamente. No cambie su posición regularmente si ha encontrado el lugar correcto, ya que ese lugar tendrá una alta concentración de energía positiva. Fije una hora del día para practicar diariamente para que no tenga que luchar consigo mismo todos los días. Esta es la mejor manera de aprovechar al máximo esta rutina.

No procrastine

La procastinación es el mayor pecado en este mundo de acción. Nuestras acciones son las únicas cosas que nos hacen o matan. No tomar ninguna acción es el mayor error que podemos cometer. Cuando se trata de meditación o cualquier otra práctica similar, la gente sigue postergándola para un mañana que nunca llegará. Usted debe entender que lo único que no tiene en abundancia es el tiempo. En el momento en que nace, el reloj comienza a hacer clic. Usted puede posponer cualquier cosa en este mundo, pero no puede posponer la muerte. Vendrá a su debido tiempo. Cuanto más tiempo usted se demore, menos tiempo tendrá para lograr sus metas en la vida.

Su tercer ojo puede despertar en un santiamén si usted es lo suficientemente afortunado y lo suficientemente enfocado. Sin embargo, puede llevarle mucho tiempo. No hay forma de saber la cantidad de tiempo antes de que realmente comience. Cuanto más tarde en comenzar el proceso, más largo será para usted. Si usted es el tipo de persona que sigue haciendo resoluciones pero nunca las logra, entonces debe saber cuál es el verdadero problema.

Comience su meditación tan pronto como sea posible. Permanezca constante durante el tiempo que dedica a la meditación día a día. No adquiera el hábito de procrastinar o dejarlo para más tarde.

Disfrute el proceso y encuentre nuevos caminos llenos de Alegría

La activación del tercer ojo puede ser un gran viaje. No solo el destino, sino también el viaje pueden darle una inmensa alegría. El despertar del tercer ojo es una experiencia que llevará su conciencia por encima de las experiencias regulares de alegrías y tristezas. Le ayudará a estar relajado y tranquilo. Es un estado de paz intensa. Podrá sentir la quietud dentro y alrededor de sí mismo. Sin embargo, este objetivo no es lo único bueno de la activación del tercer ojo.

La meditación, el camino a la activación del tercer ojo es una experiencia en sí misma. Lo ayuda a redescubrirse a sí mismo y a encontrar paz en su interior. Usted se sentirá más alegre y contento en la vida a medida que comience a meditar. Su experiencia de vida comenzará a cambiar rápidamente a medida que aumente su tiempo de meditación. Desde el bienestar físico y mental hasta el bienestar espiritual, la meditación abre el camino de la bondad para usted.

Aunque la meditación es una excelente forma de activar su tercer ojo, no es la única. Existen muchas otras técnicas que pueden ayudarlo a activar su tercer ojo más rápido. Desde el sun gazing u observación solar hasta la visualización, hay muchas formas de explorar. Usted puede probar estas formas de activar su tercer ojo más rápido. Cada nueva técnica le ayudará a aprender cosas nuevas y le dará una nueva experiencia.

Capítulo 10: Formas de protegerse durante la activación del Tercer Ojo

La activación del tercer ojo es un proceso poderoso. Lo hará más receptivo. Atraerá energías a su alrededor. Sin embargo, usted no puede tener un control real sobre el tipo de energías con las que puede entrar en contacto. Simplemente, usted se convierte en el receptor de las energías y esto puede generar un problema.

Las energías positivas traerán paz y tranquilidad. Lo harán fuerte y feliz. Sin embargo, las energías negativas pueden tener un impacto más fuerte pero negativo. Para ello, es importante que se proteja. Usted debe ser consciente de las energías que lo rodean. Debe elegir el lugar de la práctica con cuidado. También debe trabajar para sellar su aura para obtener una mejor protección contra las energías negativas.

El descuido de estos aspectos importantes puede tener serias consecuencias en su salud física, mental y espiritual. Habilitar la protección psíquica contra las energías negativas es la mejor manera de evitar estos problemas.

Los lugares de meditación, el estilo de vida que sigue e incluso el tipo de ropa que usa tienen papeles importantes que desempeñar en su protección. La atención adecuada a todos estos aspectos le ayudará a garantizar una protección adecuada. Ahora discutiremos las principales cosas que usted debe tener en cuenta.

El Lugar

El lugar de la meditación desempeña un papel muy importante para garantizar su protección. Estamos rodeados de todo tipo de energías. Hay energías positivas que nos ayudan en nuestros esfuerzos. También, hay energías negativas que nos empujan hacia abajo o nos acorralan. Todo el concepto de cosas y lugares que son afortunados o desafortunados no es solo un concepto erróneo. Cuando las energías positivas en un lugar son dominantes, ese lugar se vuelve afortunado. Lo ayuda a tener éxito. Se vuelve más enérgico y vivo. Sus habilidades empresariales se vuelven agudas. Sus habilidades para tomar riesgos se hacen más fuertes y su capacidad para juzgar a las personas, las cosas y las circunstancias mejora. Se siente rejuvenecido y saludable. Sin embargo, si el lugar está dominado por energías negativas, las cosas son exactamente lo contrario.

Por lo tanto, ignorar el significado del lugar no es algo muy prudente. No somos los primeros en vagar en esta tierra. Varias personas han caminado, vivido y muerto en el mismo lugar donde vivimos en la actualidad. Una parte de su energía se queda atrás. La acumulación de tales energías tiene un efecto profundo en la naturaleza de ese lugar.

La tierra es el lugar del cual todos hemos surgido. También es una fuente de energía muy poderosa. Está llena de energías que son tan poderosas que su cuerpo nunca podrá reaccionar ante ellas de manera positiva. Tales energías siguen escapando de las líneas de falla. Si usted está en un lugar que está contaminado por tales energías, entonces tendrán un impacto negativo en usted. El miedo, la salud y los problemas psicológicos son solo algunos tipos de problemas que se pueden enfrentar.

En el pasado, la gente daba gran importancia a las energías de la tierra. Se podían dar el lujo de mover las cosas pues el espacio era amplio. Podrían cambiar incluso una casa si descansaba en tales líneas de falla. El estilo de vida moderno no le permite este lujo. Los espacios de vida se han vuelto más pequeños y las casas se han vuelto tan caras que cambiarlas en busca de una opción viable ya no es una opción. Sin embargo, hay otros remedios como el Feng Shui, Vastu Shashtra, la radiestesia, la curación de la casa y otras prácticas similares que pueden ayudarlo a cultivar energías positivas. Usted podrá identificar los lugares en su hogar llenos de energías negativas. Tales lugares se pueden evitar fácilmente y se pueden hacer prácticas constructivas en otros lugares. Al igual que los campos de energías negativas, los hogares también tienen pozos de energía. Estas son las áreas de la energía positiva. Puede identificar estas áreas y utilizarlas en su beneficio.

Se sabe que las líneas de rayos terrestres son una razón para varios problemas de salud. Las muertes en la cuna de nuestros ancestros estaban asociadas con tales líneas de rayos. Se sabe que las personas que duermen en estas líneas de rayos son propensas a problemas articulares, afecciones cardíacas, migrañas y otras enfermedades similares. El mojado frecuente de la cama también se atribuye a estas líneas de rayos. Si usted constantemente tiene malos sueños mientras duerme en el mismo lugar, cambiar la dirección o la posición de su cama puede ayudarlo. El insomnio o dificultad para dormir puede deberse a este problema.

Tales energías también impactan su meditación y sus resultados. Mientras usted está en un estado meditativo, su aura se expande y comienza a comunicarse con las energías a su alrededor. La influencia excesiva de las energías negativas puede llevar al miedo y la visualización de imágenes negativas. Puede dejarlo en un estado de miedo y dificultar las meditaciones más largas. Por eso es importante encontrar un lugar que sea más propicio.

Una vez que usted empiece a meditar, su sentido de la percepción se volverá más agudo. Usted podrá sentir tales energías fuertemente. Si usted siente que meditar en un lugar en particular se está volviendo difícil, debe cambiarlo. También puede tomar la ayuda de dowsers profesionales, curanderos o Feng Shui para equilibrar las energías.

Trabaje en sí mismo

Un cuerpo sano y una mente equilibrada son la mejor defensa

Atacar la debilidad es la mejor estrategia y todos lo sabemos. La negatividad engullirá primero a los débiles de mente y el cuerpo. Por lo tanto, usted siempre debe centrarse en tener un cuerpo sano y una mente equilibrada. Si usted permanece sano, las fuerzas negativas no podrán influenciarlo fácilmente. Usted debe adoptar un estilo de vida saludable para mantenerse protegido.

Un estilo de vida y una mentalidad equilibrada son el primer requisito para cualquier práctica de este tipo. Si usted está entrando en su práctica con una perspectiva negativa, los resultados no serán muy prometedores. Su viaje seguirá siendo accidentado y enfrentará varios obstáculos en el camino.

Un cuerpo sano es una base sólida para el éxito. Usted podrá enfrentar sus miedos con fuerza y dominar los obstáculos fácilmente. Las técnicas de protección funcionarán en cualquier condición, pero un estilo de vida saludable lo ayudará de muchas maneras.

La activación del tercer ojo es un viaje espiritual, pero tiene que llevarse a cabo a través de su cuerpo físico y, por lo tanto, usted nunca puede ignorar la importancia de su físico. Debe tomar medidas para asegurarse de mantenerse saludable y concentrado. Seguir un estilo de vida saludable lo llevará lejos en este proceso.

Es importante Dormir y Descansar

Un cuerpo agotado es débil y propenso a la influencia de las energías negativas. Si usted se está esforzando demasiado o no está durmiendo lo suficiente, entonces se quedará vacío. Este estado será más fácil de dominar. Algunas personas comienzan la meditación y quieren lograr cosas muy rápidamente. Ellos socavan este importante concepto y enfrentan graves consecuencias.

Usted debe asegurarse de que tiene tiempo suficiente para descansar y tener un sueño adecuado. La falta de descanso y el sueño lo debilitará. Su campo de energía también se debilitará y su cubierta de protección se desvanecerá.

La meditación es el arte de la relajación. Sin embargo, no es un sustituto para el descanso y el sueño. Usted debe darse un tiempo amplio para mantenerse fresco y rejuvenecido. Si está enfrentando una crisis de tiempo, entonces debe ajustar su tiempo de meditación en consecuencia. No es solo el tiempo de la práctica de meditación lo que importa, sino también su consistencia.

Usted puede practicar a intervalos cortos. Tómese un tiempo por la mañana cuando se levante. Este es el mejor momento para practicar, ya que su cuerpo está relajado y su mente está fresca. También le dará un gran impulso a su día. Por la noche, cuando regrese del trabajo, puede dedicar algo de tiempo a la meditación. Esto lo ayudará a relajarse, y también dormirá mejor.

No intente acelerar el proceso al imponerse demasiado al principio. Es una forma de vida que tendrá que gestionar a largo plazo, por lo que la mejor estrategia es encontrar una forma sostenible de hacerlo.

Centrarse en este aspecto simple lo ayudará a mantenerse firme, y también evitará la influencia de las energías negativas.

Una Dieta Balanceada

Un simple hecho de la vida es que nos convertimos en lo que comemos. La comida que comemos tiene una influencia muy fuerte en nuestras vidas. Si usted está comiendo una dieta desequilibrada, tendrá una influencia negativa en su bienestar físico y mental, así como en su conciencia espiritual. La activación del tercer ojo también se ve fuertemente influenciada por el tipo de dieta que tiene.

Esta es una de las razones clave por la que los monjes tienen comidas muy simples, pero saludables. Se enfocan en suministrar una mezcla saludable de macronutrientes a su cuerpo y comen los alimentos que pueden ser procesados fácilmente por el cuerpo.

En esta forma moderna de vida donde los alimentos procesados se han hecho cargo de la dieta natural, no sería prudente prescribir un régimen alimentario estricto. Sin embargo, usted debe mantenerse alejado de una dieta desequilibrada. Siempre debe comer la combinación correcta de macronutrientes que le suministran la energía necesaria. Seguir los planes de dieta o el estricto control de calorías lo expondrá a energías negativas a medida que se debilita. Es una cosa muy imprudente. También puede obtener los mismos resultados al tener una dieta que suministre todos los nutrientes necesarios y elimine la comida chatarra que conduce al exceso de peso. Cualquiera que sea el plan de dieta que siga, debe asegurarse de que sea nutritivo.

Algunas personas también se confunden con la idea de que el ayuno ayuda a la meditación. No hay duda de que el ayuno tiene un profundo impacto en la meditación. Lo ayuda a calmarse, ya que los alimentos generan varios tipos de reacciones en su cuerpo. Sin embargo, el ayuno solo es beneficioso cuando se realiza de manera controlada. Usted no puede simplemente comenzar a ayunar de repente y esperar resultados positivos. De hecho, todo el proceso sería contraproducente, ya que su mente permanecerá ocupada pensando en la comida.

El ayuno solo debe hacerse como parte de la desintoxicación. Ayuda a limpiar su cuerpo de las sustancias tóxicas y no debe durar demasiado. Crear huecos irregulares en su comida solo dañará sus esfuerzos. Las comidas regulares tienen un gran papel en reforzar su cuerpo astral, pues usted se sentirá más contento y vital.

Usted debe centrarse en los alimentos que tienen muchos antioxidantes y ayudan a combatir los radicales libres. Comer alimentos fácilmente digeribles es siempre la mejor manera de mantenerse saludable y en forma. Los alimentos complejos, especialmente las carnes rojas, tardan mucho tiempo en digerirse y promueven el crecimiento de energías negativas en su cuerpo, por lo que debe intentar evitarlo tanto como sea posible.

Permanecer alegre

El dolor y la tristeza son emociones oscuras. Atraen mucho las energías negativas. En algún lugar en el fondo hay un resentimiento que se acumula. El desarrollo de energías positivas se vuelve difícil en tal estado. La felicidad, la risa y la positividad, por otro lado, mantienen a raya las energías oscuras. Usted se vuelve fuerte y permanece protegido.

Usted debe cultivar la felicidad. Trate de mantenerse alegre. Si no está satisfecho con algunas cosas del pasado, trate de perdonarlas y olvídese de ellas. Seguir adelante será más fácil para usted. Moverse en el camino del despertar del tercer ojo con el equipaje del pasado no es algo saludable. La alegría y la paz son importantes en la vida, de hecho, la felicidad ha sido el objetivo final de la mayoría de las personas que han caminado en esta tierra. La tristeza y la depresión solo le pesan. Haga su elección con prudencia.

No se intoxique

La intoxicación de cualquier tipo puede brindarle un alivio temporal de los problemas de este mundo, pero no puede ser una solución permanente. De hecho, no es una solución en absoluto. Los problemas generalmente se hacen más grandes cuando uno sale de una resaca. En consecuencia, debe mantenerse alejado de la intoxicación y evitarla.

Las drogas y el alcohol se han vuelto muy populares. Causan alucinaciones y le hacen ver un mundo imaginario que le puede gustar. Sin embargo, le alejan de la realidad.

Las drogas y el alcohol pueden ser peligrosos mientras se encuentra en el camino de la activación del tercer ojo. Usted puede alucinar y tener visualizaciones falsas. También lo hacen débil e incapaz de ejercer control. Al volverse débil, puede ser influenciado por energías negativas, por lo que debe mantenerte alejado de ellos para mantenerse protegido.

Algunas formas efectivas de administrar las energías

Elija sus colores sabiamente

El color que usted use tendrá un profundo impacto en la cantidad de energía que absorbe. Los colores claros no absorben energía. Esto le ayudará mucho a mantenerse a salvo de la influencia de las energías negativas. Esta es una de las razones por las que el blanco es el color preferido para la meditación, ya que refleja energías negativas.

Los colores oscuros atraen y absorben energía. Si usted está usando colores oscuros mientras hace su meditación, entonces aumentan las posibilidades de entrar en contacto con las energías oscuras.

Encuentre un lugar positivo para la meditación

El lugar de la meditación tiene un impacto muy fuerte. Un lugar con un exceso de energías negativas siempre lo hará pasar un mal rato en la meditación. Usted podría sentir una presión intensa. Habrá distracciones y le resultará difícil concentrarse por mucho tiempo. Si usted se encuentra en una situación de este tipo, entonces es probable que esté sentado en una línea de falla. Cambiar el lugar de la meditación, incluso por unos pocos pies, puede marcar una gran diferencia.

Usted puede tomar medidas correctivas para corregir el flujo de energía, pero combatirlo por mucho tiempo no producirá grandes resultados. Cambie el lugar de su meditación y encuentre un rincón que tenga un flujo positivo de energía o un pozo de energía. Este lugar tendrá un impacto relajante y podrá meditar sin esfuerzo.

Lave sus manos

Una vez que usted comience la meditación, su sentido de la percepción de las fuerzas energéticas externas aumenta. Usted será capaz de sentir su interacción con su cuerpo y podrá sentir la presión extra en sus manos. Usted se dará cuenta de la energía que se acumula a su alrededor. Estas realizaciones se harán comunes. Todo esto sucede porque usted empieza a atraer más energía hacia sí mismo.

Cada vez que usted sienta una presión semejante en sus manos, debe lavarlas bien con agua corriente. Aumentará su percepción y lo mantendrá a salvo de tales energías.

Purifique el Cuarto

La presencia de energías negativas y positivas está más allá de su control en cualquier lugar. Sin embargo, administrarlas lo mejor que pueda siempre está en sus manos. Si usted siente que su hogar o el lugar de la meditación tiene una alta concentración de energías negativas, entonces puede tomar algunos pasos proactivos para equilibrar estas energías.

Queme incienso o encienda velas

Quemar incienso o encender velas tiene un impacto positivo en las energías. Usted puede hacer que las energías positivas sean más fuertes con este método. Esto también lo ayudará en la purificación de la habitación, ya que se llena de positividad y huele genial y así usted podrá meditar por más tiempo.

Tratamiento caliente y frío

Crear una variación de temperatura en la habitación también es una forma de lidiar con el flujo de energía. Usted puede usar calentadores para calentar su habitación todo lo posible, y dejar que se enfríe después. Crear una diferencia de temperatura en la habitación ayuda enormemente.

Sincronícese con el Ciclo Lunar

La luna tiene un profundo impacto en las energías de la tierra y genera una gran fuerza. Incluso los océanos y las corrientes se ven afectados por la influencia de la luna. El comportamiento de las energías varía en la luna llena y la luna nueva. Usted debe considerar este factor.

Una noche de luna llena es el mejor momento para meditar. Usted sentirá una explosión de energía durante este período y es un momento muy adecuado para la realización intelectual y las posibilidades de despertar del tercer ojo son muy altas en esta fase del mes. Debe hacer el mejor uso de este tiempo.

Capítulo 11: Técnica de respiración para ayudar en la activación del Tercer Ojo

La respiración es una actividad crítica. Infunde vida en el cuerpo. Sin embargo, siempre permanecemos ajenos a este importante proceso y lo damos por sentado. La meditación implica volverse consciente de todo.

El primer paso en el camino de la activación del tercer ojo es tomar conciencia de su proceso de respiración. Tendrá que ser consciente de su respiración y sentirla.

Encuentre un lugar adecuado en la sala para la meditación. Siéntese en una postura con las piernas cruzadas y mantenga las manos sobre los muslos. La palma de sus manos debe mirar hacia arriba. Ahora cierre los ojos y abra un poco la boca y respire.

Usted no necesita respirar por la boca necesariamente. Puede seguir inhalando por la nariz y la boca. Sin embargo, debe respirar profundamente y sentir la vibración que el aire crea en la parte posterior de su garganta. Esto en sí mismo es un proceso poderoso.

Usted se dará cuenta de la respiración que toma y de las vibraciones que produce al pasar por su garganta. Respirar de esta manera lo ayudará a alcanzar un estado superior de conciencia.

Debe recordar que no hay una manera correcta o incorrecta de hacerlo. No tiene que preocuparse por este proceso y hacerlo perfecto. Simplemente, usted necesita respirar profundamente y permanecer consciente de su respiración. El proceso lo ayudará a construir una conexión con su tercer ojo y alejará los pensamientos inútiles y lo ayudará a enfocarse en su objetivo principal.

Respirar de esta manera puede, a veces, causar irritación o sequedad en la garganta. Sin embargo, no hay razón para preocuparse pues, con la práctica, este problema desaparecerá. Simplemente necesita concentrarse en respirar y sentir la vibración de la respiración en la parte posterior de su garganta.

Mantenga su cuello recto y en posición vertical. Su mandíbula debe permanecer relajada y no debe hacer ningún esfuerzo adicional. Todo el ejercicio está destinado a relajar su mente y hacerlo más consciente.

Respirar de esta manera durante un tiempo lo pondrá a tono y podrá enfocarse en el centro de sus cejas. Este área es el asiento del tercer ojo. Mejora sus habilidades psíquicas y mejora su sentido de la percepción.

Zumbido

Hacer un zumbido es la mejor manera de continuar esta posición durante mucho tiempo. Cree fuertes vibraciones en su garganta, y su concentración también permanecerá inquebrantable.

Usted no necesita decir ninguna palabra en particular ni cantar ningún mantra. Simplemente haciendo los zumbidos de las abejas, puede enfocar sus energías en la dirección correcta.

Intente experimentar las vibraciones que se originan mientras hace el zumbido. Deténgase por un momento y sienta la diferencia.

Continúe respirando mientras tararea. Este proceso lo ayudará en las etapas iniciales de su meditación para construir un enfoque fuerte.

La mayoría de las personas creen que abrir el ojo es la parte más difícil del proceso. No entienden que incluso el camino puede ser peligroso si no está siguiendo el procedimiento correcto. Incluso lograr un gran enfoque puede ser una de las tareas más difíciles.

Al principio, tan pronto como usted cierre los ojos, su mente correrá hacia una cantidad innumerable de pensamientos. La charla mental se volverá incesante y se sentirá incapaz de enfocarse. Tendrá pensamientos que lo distraen y le pesarán.

Este ejercicio de respiración le ayudará a conseguir un gran enfoque y mantenerse alejado de tales pensamientos. Además, le ayudará a entrar en el estado meditativo y podrá calmarse más rápido.

Capítulo 12: Cuatro técnicas poderosas para despertar su Tercer Ojo

El tercer ojo es metafísico, es decir, no tiene presencia física en su cuerpo. Es un elevado sentido de la percepción que se desarrolla con una práctica dentro de usted. Usted comienza a desarrollar una conciencia superior y puede sentir las cosas mucho mejor que otras personas. Este poder siempre ha estado dentro de usted, lo único que se requiere es activarlo.

Todo necesita atención y dedicación para el desarrollo. Como desarrollar cualquier otro poder, incluso el desarrollo del tercer ojo necesita trabajo. Si usted va al gimnasio para desarrollar músculos, no notará ningún cambio el primer día. Sin embargo, puede sentirse mal el segundo día. Puede que le duela todo el cuerpo y puede que sienta dolor. Lo importante en cada proceso es mantener la coherencia. Si usted continúa yendo al gimnasio y sigue levantando pesas, verá cómo crecen sus músculos. Lo mismo ocurre con el tercer ojo.

Usted puede activar el tercer ojo siguiendo el proceso que se indica a continuación. Sin embargo, sus experiencias pueden variar. Solo sucede debido a las diferencias en nuestras percepciones sensoriales.

Usted no necesita preocuparse o cuestionar sus habilidades. Es un proceso en el que no hay fracaso y no tiene nada que perder.

Usted comenzará a ganar desde el primer día y su enfoque comenzará a mejorar y tendrá una mejor comprensión de sus pensamientos. Su conversación mental comenzará a estar bajo su control. Sin embargo, la altura del desarrollo de estas percepciones dependerá del tipo de práctica que realice. El despertar del tercer ojo no le abrirá las puertas de la magia. Si usted está intentando activar el tercer ojo con esa intención, debe detenerse aquí.

El despertar del tercer ojo comenzará a mejorarlo como persona y le ayudará a desarrollar sus percepciones de este mundo. Su interacción con las fuerzas de energía a su alrededor mejorará durante un período de tiempo. También puede desarrollar algunas habilidades psíquicas con éxito. Sin embargo, para todo esto, usted necesitará practicar regularmente.

Activar el tercer ojo y desarrollar las habilidades del tercer ojo son dos cosas separadas y nunca debe mezclarlas. Usted puede activar su tercer ojo en un instante. Sin embargo, tendrá que trabajar continuamente para mantener ese tercer ojo despierto. Si detiene la meditación o adopta un estilo de vida poco saludable, los resultados no serán muy alentadores.

Existen varias técnicas para activar el tercer ojo y ninguna técnica es mejor o peor. Estas son todas las formas de alcanzar el mismo objetivo. Necesitará encontrar la forma que mejor se adapte a usted. Su enfoque siempre debe ser seguir una práctica que sea sostenible.

Técnica 1

Elija un Día

El mejor momento para activar el tercer ojo es durante la luna llena. Sin embargo, no es vinculante. Si usted se encuentra listo y dispuesto a activar el tercer ojo, cualquier día es un buen día. Activar el tercer ojo en un día de luna llena es comparativamente más fácil, ya que las energías son más altas.

Lugar

El lugar de la meditación juega un papel importante; por lo tanto, usted debe encontrarlo. El espacio para la meditación debe estar limpio y libre de desorden. Una habitación desordenada causa muchas distracciones y no será capaz de enfocarse. Las energías negativas son más fuertes en un lugar abarrotado.

Purifique la habitación con incienso o velas, ya que lo ayudará en el proceso y evitará las energías negativas.

Colores

Use ropa cómoda y de colores claros. El blanco es el mejor color para tal práctica, pero incluso los colores claros están bien. Sin embargo, usted debe evitar la ropa oscura o de color negro pues absorben mucha energía oscura, y esto puede causar problemas en la meditación.

En Grupo o solo

Usted puede meditar en grupo o solo en la medida en que se sienta cómodo. Esto no es un problema. Sin embargo, no debe meditar en compañía de personas que no estén meditando con usted. Es muy importante, ya que esas personas solo causarán distracción, y sus pensamientos se dirigirán hacia ellos. Recuerde, la activación del tercer ojo no es una práctica de magia negra que deba ocultarse. Es un ejercicio para redescubrir su verdadero yo. Usted no puede redescubrir su verdadero yo cuando se siente expuesto al mundo o está ocupado pensando en los demás.

Cuando usted está solo o solo en compañía de personas que también están meditando, las posibilidades de tales desviaciones disminuyen. Entonces, si lo hace solo, nadie más debería estar presente en la habitación donde está haciendo la meditación. El lugar de práctica debe ser tranquilo.

Preliminares

Si usted está usando ropa muy ajustada, entonces debe relajarse. Quítese los zapatos y el reloj. Apague todos los dispositivos móviles y, al menos, baje el volumen de su teléfono para no distraerse durante su práctica.

Para la parte de activación, tendrá que acostarse. Puede elegir un tapete, una alfombra, un colchón o una manta adecuados según su conveniencia. También puede recostarse en el suelo si se siente cómodo. Sin embargo, tenga en cuenta que la parte de activación puede tardar más de una hora. Debe estar cómodo recostado sobre el material que elige para la meditación.

Tendrá que mantener los ojos cerrados durante esta parte. Los ojos cerrados tienen un gran significado, ya que cuando sus ojos están cerrados, puede utilizar mejor sus otros sentidos. Su capacidad para ver el interior aumenta cuando deja de usar su capacidad para ver el exterior.

Continuará toda la práctica en pequeñas etapas de aproximadamente cinco a diez minutos. Sin embargo, no es necesario realizar un seguimiento del tiempo. El tiempo se volverá intrascendente para usted durante el proceso de activación. Solo necesita trabajar para lograr un enfoque nítido.

Acuéstese y mantenga sus manos rectas con las palmas hacia arriba. No cruce los brazos. La posición de sus brazos cambiará de todas formas durante la práctica.

Acuéstese y relájese unos minutos. Mantenga los ojos cerrados pero no los apriete. Simplemente relaje su cuerpo.

Ahora comience el ejercicio de respiración. Abra un poco la boca y comience a respirar profunda y conscientemente. Tome conciencia de su enfoque respiratorio. Intente sentir la vibración del aire en la parte posterior de su garganta.

Esta parte es solo para informarle del proceso. Usted no necesita hacer nada más durante esta parte. Simplemente siga respirando profundamente y concéntrese en la vibración que produce su respiración. Usted tendrá que mantener esto durante cinco a diez minutos. Este debe ser el momento en que comience a sentirse completamente relajado. No se apresure en esta parte. Tómese su tiempo. Sienta la respiración profundamente. Siga el camino que toma su respiración y la sensación que genera al pasar por sus fosas nasales. El sonido grave del aire que pasa por la garganta debe ser audible para usted. Una vez que se alcance este estado, debe pasar al siguiente nivel.

Ahora, preste atención al centro de sus cejas. Este es el asiento del tercer ojo. Simplemente, usted necesita desviar su atención. No trate específicamente de ver o visualizar algo aquí. No se enfoque demasiado en este punto. Usted está en un viaje para explorar su conciencia superior ahora. Este viaje va a ser largo y fructífero. Esta es la etapa de aclimatarse. Usted no necesita enfocarse en el centro. Simplemente desvíe sus pensamientos a una parte específica mientras mantiene su respiración. Siga respirando con la boca abierta y siga escuchando el sonido grave de su respiración. Deberá mantener este estado durante aproximadamente el mismo tiempo que el anterior. Una vez que sienta que tiene ambas actividades sincronizadas, estará listo para pasar a la siguiente etapa.

En esta etapa, levante la mano de trabajo y coloque la palma de la mano sobre la frente. La palma de su mano no debe tocar su frente. Debe estar a una o dos pulgadas de distancia.

- Usted necesita continuar respirando con la boca abierta.
- Mantenga su enfoque en el centro de sus cejas.
- Mantenga la palma de su mano firme frente a su frente.

Ahora, su mente se dará cuenta de la palma frente a la frente. No necesita abrir los ojos. Manténgase en esta postura durante algún tiempo.

Para este momento, una ligera presión comenzará a acumularse en el centro de las cejas. Puede poner su mano en el lugar que tenía antes de levantarla a la frente. Ahora, simplemente usted necesita sentir la presión o la sensación de hormigueo.

Recuerde, tiene que continuar todas las actividades como estaban. Siga respirando profundamente con la boca ligeramente abierta. Permanezca enfocado en el centro de sus cejas. Usted solo necesitará buscar cambios en la sensación.

La experiencia será diferente para cada uno. Usted puede sentir una sensación de hormigueo y puede haber una pequeña vibración en este lugar. También puede sentir un poco de presión entre sus ojos y puede haber una sensación de peso extra en el área. Nuevamente, la experiencia puede ser diferente para cada uno. Tendrá que buscar el cambio.

En esta etapa, tenga cuidado de esforzarse demasiado. Algunas personas comienzan a buscar conscientemente el cambio, y su mente genera ese cambio para ellos. No es necesario que lo cause. Ocurrirá por sí solo. Usted solo necesita experimentar el cambio. Permanezca en el estado todo el tiempo que desee. Tome conciencia.

Usted puede pasar a la siguiente etapa tan pronto como experimente la vibración o la presión. Es importante recordar que no debe precipitarse en el proceso. Usted necesitará localizar específicamente el área de vibración o presión. En esta etapa, deberá conectar la vibración en su garganta con la vibración en su frente.

Una vez que se dé cuenta de ambas vibraciones, se sentirán conectadas por sí mismas. Usted podrá sentir la presión en ambos lugares simultáneamente. Esta es una etapa importante. Sentirá que su respiración se eleva hasta el punto de la sensación. Usted sentirá un puente entre ambos puntos. Pronto, la sensación se volverá profunda y tomará una forma sutil. El flujo de energía se hará sin esfuerzo.

Esta es la etapa de realización. Sin embargo, usted debe ser cauteloso. No tiene que visualizar las cosas. No fuerce su imaginación para crear un efecto aquí. Todo lo que venga a usted debe ser natural.

Las sensaciones pueden hacerse más fuertes en algunos casos. Incluso si no son más fuertes, no tiene que preocuparse. Es simplemente el flujo de energía en su cuerpo. Su mente comienza a redirigir la energía en direcciones aleatorias. Las vibraciones se pueden sentir en toda la frente, los brazos o incluso en todo el cuerpo. Es muy natural y nada por lo que deba preocuparse. En esta etapa, simplemente necesita fluir con el flujo de energía.

La etapa final del proceso es sentir la energía en su totalidad y conectarse a ella. En esta etapa, usted puede dejar de respirar con la boca abierta. Su enfoque completo debe estar en la energía entre sus cejas. Esta es una etapa de quietud. Rara vez en la vida, usted tiene la oportunidad de vislumbrar la fuente de energía dentro de usted. Lo estará presenciando de primera mano. Es una etapa de quietud mental donde todo lo demás se vuelve intrascendente.

Esta energía tiene el poder de transformarlo. Puede traerle armonía y puede quitar todo el dolor que surge de la insatisfacción y el descontento. Usted tiene que formar un enlace directo con esta energía. Incluso un parpadeo de luz se volverá más fuerte. Seguirá haciéndose más brillante con la práctica. Usted no necesita preocuparse por su tamaño o consistencia. Ni siquiera necesita preocuparse por su poder. Simplemente necesita construir una conexión con su energía.

La mayoría de las personas piensan que construir una conexión con su propia energía no puede ser una tarea difícil. Pues están equivocados. Esta energía es mucho más grande que usted. Es posible que nunca pueda establecer una conexión con ella si comienza mal. Incluso si su intención es incorrecta, la conexión nunca sería fuerte. Si no presta suficiente atención para fortalecer el campo de energía, el enlace también se debilitará.

La fuente de esta luz es el tercer ojo. La activación del tercer ojo es un paso básico. En esta etapa, es posible que no sienta ninguna diferencia en absoluto. El tercer ojo se activa en varias personas debido a accidentes, experiencias cercanas a la muerte y otras razones similares. Sin embargo, estas personas no aprovechan este poder porque no saben cómo utilizarlo.

La meditación es la única forma de aprovechar los poderes del tercer ojo. Una vez que usted active su tercer ojo, tendrá que meditar regularmente para aumentar su sentido de la percepción. Sus experiencias comenzarán a ser más fuertes con la práctica. Usted comenzará a desarrollar sentidos más fuertes. Su aura se hará más prominente.

Permanezca en este estado todo el tiempo que quiera. Disfrute de la gloria de su luz interior y aprecie la belleza de la luz dentro de usted. Cuando esté listo, simplemente abra los ojos.

No trate de levantarse de repente. Permanezaca en el estado durante unos minutos. Siéntese y mueva sus extremidades. Puede haber alguna sensación de vibración u hormigueo. Una vez que se sienta perfectamente bien, puede levantarse.

Recuerde, activar el tercer ojo es solo una tarea. Para que funcione, tendrá que meditar con regularidad. Luego, su tercer ojo podrá fortalecer su sentido de percepción o desarrollar habilidades psíquicas. Simplemente activando el tercer ojo no resolveremos ningún problema.

Cosas para Recordar

No se fuerce a sí mismo: no se obligue a pensar o imaginar cosas. No se requiere el uso de la fuerza de ninguna manera. Las cosas pasarán en un flujo natural. Simplemente usted necesita estar al tanto del proceso. Empiece como un mero espectador del proceso. Solo se convertirá en participante una vez que su tercer ojo se haya abierto por completo. Su trabajo principal en este momento es canalizar las energías en la dirección correcta, lo cual viene con la práctica.

No dude de sí mismo: la duda es peligrosa. Usted tiene que comenzar con la fe en un camino indefinido. Algunas personas comienzan un proceso con dudas y terminan fallando en el camino hacia su meta. El tercer ojo no es un poder adquirido y siempre ha estado dentro de usted. La glándula pineal dentro de su cabeza es real. Los poderes que posee son reales. Usted solo está intentando activar la glándula a través de un proceso. Si se mueve en la dirección correcta, no hay posibilidades de fracaso. Cualquiera puede activar el tercer ojo con perseverancia y práctica.

No imagine cosas: el uso de la visualización y las imágenes es frecuente en la activación del tercer ojo. Sin embargo, el único riesgo es que las personas comiencen a imaginarse demasiado las cosas con desesperación. Hacerlo siempre lo mantendrá alejado de una experiencia real y esto no es deseable. Ya que usted está poniendo el esfuerzo requerido y tiene el potencial, sus experiencias también deben ser reales. Mantenga su mente en blanco y sea receptivo. Si tiene una idea preconcebida de que solo una luz índigo es un indicador del despertar del tercer ojo, es posible que no note la vibración que se produce. Usted puede que nunca preste atención al verdadero despertar y permanecerá desprovisto de la verdadera experiencia. Mantener su mente abierta lo ayudará a comprender la verdadera naturaleza del despertar.

No intente ver desde sus ojos: toda nuestra vida hemos estado viendo cosas desde nuestros ojos. Cuando se les pide que vean el interior, algunas personas comienzan a poner los ojos en blanco. No es posible y ni siquiera útil. Usted solo terminará forzando sus ojos, resultando en dolor o vibración. Esto debe evitarse.

Simplemente abra los ojos si siente miedo: la experiencia del despertar del tercer ojo puede ser muy intensa para algunas personas. Pueden sentir una repentina oleada de energía en su cuerpo. Las vibraciones pueden ser muy intensas. También pueden sentir una repentina sensación de miedo. Si existe tal experiencia, usted no necesita preocuparse. Simplemente, puede abrir los ojos y salir de este estado. Todo lo que usted experimenta está sucediendo solo en el nivel de energía. La manifestación física de este proceso es mínima en este estado. No hay razón para que se alarme.

Técnica 2

La Meditación Trataka

La meditación Trataka es parte de una práctica yóguica llamada "Hatha Yoga". El significado literal de la palabra "Trataka" es "mirar o contemplar". La práctica de esta meditación también se realiza de acuerdo a su nombre. Usted necesita mirar a un punto en particular durante mucho tiempo para activar el tercer ojo y puede hacer esta meditación con los ojos abiertos o cerrados. El propósito es mirar profundamente.

Es una práctica de meditación que ayuda a alcanzar un enfoque inquebrantable. Ayuda a su mente a quedarse quieto. Sus pensamientos incesantes se detienen. La charla de la mente deja de existir por el momento.

Antes de continuar con esta práctica, es importante recordarle que es una práctica muy poderosa. Esta meditación puede activar su tercer ojo y desarrollar poderes psíquicos. También tiene sus peligros que deben tenerse en cuenta.

Mirar un punto durante mucho tiempo puede causar dolor o molestia en los ojos. También puede provocarle un dolor de cabeza que debe desaparecer antes de continuar. Si persiste, usted debe detener la práctica.

El poder del tercer ojo a veces puede llegar a ser demasiado con lo que lidiar. Si usted no está realmente preparado para ello física y mentalmente, puede tener un coste para usted. Por lo tanto, si comienza a sentir dolor, malestar, entumecimiento o cualquier otro problema que persista, debe interrumpir la práctica. Las personas también pueden sufrir una pérdida de conciencia o mareos. Estos deben ser considerados como signos de advertencia.

Meditación con los ojos abiertos

- El procedimiento de la meditación Trataka es muy sencillo.
- Siéntese en el suelo en una posición de piernas cruzadas o incluso puede sentarse en una silla.
- Mantenga su espalda recta. Sin embargo, es importante no castigar su espalda. Si lo desea, usted puede tener soporte para la espalda, pero nunca use el reposacabezas.
- Haga el ejercicio de respiración durante unos minutos. Esto le ayudará a relajarse.
- Cierre sus ojos y relaje su mente.
- Relajar la mente es muy importante antes de cualquier tipo de meditación, ya que es importante para el éxito.
- Una vez que su respiración y ritmo cardíaco estén estables, puede abrir los ojos.
- Usted necesitará enfocarse en un punto en particular como la llama de una vela, un punto pequeño o cualquier otro punto frente a usted
- Mire el punto de enfoque con atención.
- Siga respirando de manera rítmica y manténgase consciente de su respiración.
- Mientras observa el punto por un tiempo, usted comenzará a ver una diferencia en el color, los números y el punto de enfoque.
- No debe dejarse afectar por tales cosas. Simplemente necesita mirar el objeto.
- Una vez que usted ya no pueda mantener los ojos abiertos, ciérrelos suavemente. Usted verá la imagen mental de ese objeto en el centro de su frente.
- Este es el punto de su tercer ojo.

- Esta meditación activa su tercer ojo. Sin embargo, necesitará repetir el proceso varias veces.
- Es posible que falten algunos detalles, pero habrá un aura del objeto.
- Trate de enfocarse en el objeto con sus ojos cerrados.
- Después de cierto tiempo, abra sus ojos y enfóquese en el objeto de nuevo. Repita el procedimiento nuevamente.
- Cuando cierre los ojos nuevamente, usted será capaz de ver el objeto con una mejor definición. Su poder para percibir las cosas con los ojos cerrados aumenta con la práctica.
- Usted puede repetir el procedimiento de 3 a 4 veces, dependiendo de cómo se sienta cómodo. Este proceso activa el tercer ojo.
- Recuerde que si usted comienza a sentir una fuerte incomodidad, debe dejar de hacerlo. A veces los chakras se activan vigorosamente, y eso puede causar problemas.

Meditación con los Ojos Cerrados

- Comience con la meditación de la respiración.
- Relájese completamente.
- Ahora cierre sus ojos y enfóquese en el centro de su frente.
- Empiece a contar lentamente en forma regresiva desde el número cien.
- Usted sentirá tranquilidad en su mente.
- Puede haber cierta tensión en el área del foco.
- Una pequeña tensión es normal y es parte del ejercicio. Se disipará pronto.
- Usted puede sentir que está caminando en un estado de sueño.
- Usted necesita mantener el enfoque en el punto que ha seleccionado.

- Permanezca en este estado durante el tiempo que se mantenga cómodo. Una duración de diez a quince minutos es ideal, pero puede variar de persona a persona.
- Después de cierto tiempo, usted puede dejar de mirar al punto de enfoque y tratar de sentir su entorno con los ojos cerrados.
- Mantenga la respiración de una manera rítmica.
- Usted puede abrir sus ojos después de cierto tiempo.

Este ejercicio lo ayudará a activar su tercer ojo. Sus ojos se sentirán más saludables y su enfoque se agudizará. La práctica regular de esta meditación también lo ayudará en el desarrollo de habilidades psíquicas.

Las personas que practican esta forma de meditación desarrollan increíbles habilidades para ver las cosas que suceden a su alrededor. Su percepción se eleva por encima de lo físico.

Técnica 3

Activación del tercer ojo mediante la técnica de portal abierto

Nuestro cuerpo tiene varios puntos de presión. Estos puntos de presión ayudan en el flujo de energía. Usted puede desbloquear el flujo de energía simplemente aplicando algo de presión en estos puntos. La técnica del portal abierto funciona sobre este principio. Varias prácticas de curación como la acupresión y la acupuntura también hacen uso de estos puntos de presión.

Para activar su tercer ojo a través de la técnica de portal abierto, usted tendrá que estimular el área del tercer ojo.

Antes de comenzar esta técnica, usted debe comprender que a veces el flujo de energía puede ser muy intenso. Si usted siente un aumento repentino e incontrolable de energía, debe detenerse. Esto puede dañarlo mental y físicamente.

La técnica de portal abierto lo ayudará a abrir su chakra del tercer ojo y sentir la energía en todo su cuerpo. La energía viaja desde sus dedos hasta su corona y activa todos sus chakras.

El proceso

- Acuéstese en el suelo o sobre cualquier superficie plana.
- Usted necesita estar bien relajado y calmado.
- El miedo o demasiados pensamientos pueden confundir su proceso de pensamiento y el flujo de energía.
- Siga su meditación de respiración por unos minutos para relajarse completamente.
- Cierre los ojos y permanezca quieto en un estado de ánimo tranquilo.
- Con el dedo índice de la mano derecha, frote el punto del chakra del tercer ojo.
- Se encuentra por encima del puente de su nariz. Coloque su dedo ligeramente por encima del punto medio de sus cejas.
- Ahora comience a mover este dedo en el sentido de las agujas del reloj durante unos treinta segundos.
- Hágalo despacio y permanezca consciente del flujo de energía.
- Mueva los dedos en el sentido de las agujas del reloj, y en este punto activará su chakra del tercer ojo.
- Con los ojos cerrados, trate de poner los ojos en blanco hacia arriba.
- Usted podrá sentir el remolino de energía surgiendo en este punto.
- Inhale a través de la nariz y exhale por la boca.
- La exhalación debe ser más larga que la inhalación.
- Sentirá energía moviéndose hacia arriba desde sus plantas.
- Intente sentir el movimiento de la energía en su cuerpo.
- Su cuerpo es una potencia energética. Este proceso ayuda en la concentración de la energía vital en un punto.

- Sentirá que la energía que se levanta de sus pies activa todos los chakras de su cuerpo.
- Con cada inhalación, la energía se elevará de sus pies y viajará a través de su cuerpo.
- Las exhalaciones harán que la energía se asiente en el chakra del tercer ojo.
- Tendrá que repetir esta actividad treinta y tres veces. Esto significa treinta y tres inhalaciones y un número igual de exhalaciones.
- Este ejercicio activa su chakra del tercer ojo instantáneamente.
- Usted podrá sentir claramente el brillo de la energía en el punto del chakra del tercer ojo.
- Usted debe repetir este ejercicio todas las mañanas cuando se levante y por la noche antes de dormir.

Esta técnica es muy poderosa. Debe tener mucho cuidado al realizarlo, ya que a veces es difícil para las personas el aumento de energía. Si se siente temeroso o abrumado, debe intentar activar su chakra del tercer ojo con otras técnicas de meditación que permitan el resurgimiento de la energía de una manera controlada.

Esta técnica aumenta su sentido de conciencia y también mejora sus habilidades cognitivas. También es útil para lograr un equilibrio de energía entre todos los chakras, ya que una transición suave de energía tiene lugar varias veces. Usted se sentirá cada vez más nítido a lo largo del día si utiliza esta técnica diariamente.

Técnica 4

Use sonidos para activar su tercer ojo

Mientras que el tercer ojo es un ojo metafísico, la glándula pineal es un órgano físico. Es una glándula que ayuda en la activación del tercer ojo. Al activar la glándula pineal, usted puede acelerar el proceso del chakra del tercer ojo.

Existen varias formas mediante las cuales se puede estimular la glándula pineal. Descalcificar la glándula pineal y seguir una dieta saludable es una excelente manera de tener una glándula pineal sana. Sin embargo, también puede estimular la glándula pineal a través de las reverberaciones del sonido. Esto significa que si usted practica la meditación de respiración y hace un simple canto, puede estimular la glándula pineal. Esto no solo activará su chakra del tercer ojo, sino que también lo llenará de gran energía liberadora.

Este proceso produce resultados sorprendentes. Se sentirá más feliz y más satisfecho. Es una de las mejores maneras de alcanzar un estado de felicidad. Sin embargo, no debe apresurarse a través del proceso. Dele tiempo para florecer.

Su glándula pineal permanece calcificada durante la mayor parte de su vida. Una gran cantidad de fluoruro en el agua y una dieta desequilibrada pueden tener un impacto grave en la glándula pineal. Debido a esto, la glándula pineal en la mayoría de nosotros permanece calcificada toda nuestra vida. Todos tenemos la capacidad de usar nuestro tercer ojo, pero nunca podemos sentir su poder.

La activación del tercer ojo se realiza en dos etapas a través de esta técnica. Usted necesitará tiempo para que su cuerpo se adapte a los cambios. El proceso es muy simple y tiene muy pocos efectos secundarios.

La Primera Etapa

- En esta etapa, usted necesita sentarse en su lugar de meditación.
- Relájese y deje ir todas sus preocupaciones.
- Tome una respiración profunda a través de la nariz y contenga su respiración en sus pulmones.
- Usted tendrá que mantener esta respiración tanto como pueda sin causar cualquier incomodidad.

- Usted exhalará el aire a través de su boca, pero no será una simple exhalación.
- Sin abrir la boca, separe un poco los dientes. Coloque su lengua justo por encima de la separación de los dientes.
- Cuando deje salir el aire, el sonido de 'th' debería resonar.
- Debería crear una larga vibración diciendo th-h-h-h-o-h-h-h.
- Usted tendrá que hacer esto 5 veces consecutivas el primer día.
- Tome las respiraciones tan profundamente como pueda.
- Contenga las respiraciones por el mayor tiempo posible.
- Dele a sus pulmones el ejercicio requerido.
- Exhale todo el tiempo lo más lentamente posible. El sonido de 'thoh' debería resonar en su mente.
- Deberá repetir el mismo proceso nuevamente después de un lapso de veinticuatro horas.
- Cuidado, no apresure el proceso. Dele a su cuerpo el tiempo para absorber las vibraciones.
- De nuevo, repita el proceso después de un intervalo de veinticuatro horas al día siguiente y al siguiente.
- Necesita repetir el proceso durante tres días consecutivos.

Este proceso crea algunas vibraciones muy fuertes en su cuerpo. Su glándula pineal se estimula. Puede sentir algunas señales de angustia temporales, como dolor de cabeza, presión en la frente, sensación de hormigueo o palpitaciones, o incluso piel de gallina. Sin embargo, no hay razón por la que preocuparse, ya que estos síntomas desaparecerán muy pronto. Algunas personas también dicen que han escuchado sonidos crepitantes o estallidos dentro de sus cabezas. Si usted se enfrenta a algún síntoma de este tipo, significa que su tercer ojo se está activando.

El mejor momento para realizar este procedimiento es por la noche. Es posible que se sienta cansado o quiera dormir después del proceso, y eso puede no ser posible en el día. Esto puede causar dolores de cabeza y malestar. Practicarlo por la noche o después del trabajo le dará tiempo suficiente para descansar.

Este es también un proceso muy poderoso y tiene algunos efectos sorprendentes en sus habilidades cognitivas, así como en los poderes psíquicos.

- Debe darse un tiempo de al menos quince días (dos semanas) antes de comenzar la segunda etapa. Recuerde que la activación del tercer ojo comienza en la primera etapa. La segunda etapa aumentará los efectos e inducirá a sensaciones de felicidad.
- Siéntese y relájese.
- Haga la meditación de la respiración para calmarse.
- Tome respiraciones largas y profundas para calmar su mente.
- Permítase unos minutos de respiración profunda.
- Ahora cierre los ojos y lentamente coloque su enfoque sobre las cejas donde sienta la sensación.
- Debe sondear el área a través de su enfoque. Intente mirar profundamente dentro de usted.
- Ahora, respire profundamente por su nariz.
- Mantenga la respiración todo el tiempo que pueda.
- Ahora, libere el aire lentamente mientras hace el sonido reverberante de M-a-a-a-a-a-a-a-a-a-a-a-a-a-y-a-a-a-a-a-a-a-a-y.
- Debe sentir las reverberaciones que viajan a la posición de su tercer ojo.
- También usted puede sentir una explosión de luz.
- Tendrá que repetir este proceso cuatro veces más.
- Esta etapa activa completamente el chakra del tercer ojo y sus energías comienzan a golpear el chakra corona, que es el séptimo chakra.

Puede tener una "experiencia fuera de este mundo" después de completar esta etapa. Su tercer ojo se activa y empezará a sentirse feliz.

Capítulo 13: La Meditación: La forma de mantener su Tercer Ojo activo

La activación del tercer ojo es solo la primera parte del proceso. La activación por sí sola no le otorga ningún poder especial, sentido de percepción o conciencia superior. Usted tendrá que desarrollar estas habilidades con la ayuda del tercer ojo. El tercer ojo facilita el desarrollo de estos poderes una vez que aprende la manera de canalizar sus poderes de la manera correcta.

La era de Internet ha comenzado a promocionar la activación del tercer ojo como el objetivo final. No es algo que usted adquiere desde fuera. El tercer ojo siempre ha estado dentro de usted. Cada persona en este mundo tiene la glándula pineal. Permanece calcificada en la mayoría de nosotros, ya que nunca le prestamos atención, pero nunca está ausente. Cualquier persona con la voluntad de activar el tercer ojo y la motivación correcta puede hacerlo siguiendo el proceso.

La parte importante es hacer que el tercer ojo activo sea útil en términos reales. Su tercer ojo puede darle inmenso poder, habilidades psíquicas e iluminación intelectual. Puede ayudarlo a conectarse con el universo en términos reales. Usted puede aumentar su sentido de la percepción a niveles inimaginables. Ver más allá de lo visible se vuelve normal para las personas con un tercer ojo despierto. Su sexto sentido se vuelve altamente activo. Su destreza intelectual alcanza grandes alturas.

Un tercer ojo despierto ayudará a equilibrar todos los otros chakras en su cuerpo. Una armonía en los chakras traerá salud y estabilidad en la vida. Se sentirá contento en la vida y prosperará.

La única manera de lograr todas estas cosas en la vida es activar el tercer ojo y trabajar en ello. Los poderes del tercer ojo deben ser aprovechados. Es el asiento del alma. Es el centro de todos sus poderes. Las energías dentro de usted pueden hacerle hacer cosas asombrosas. Sin embargo, a menudo seguimos viviendo una vida mediocre porque no somos capaces de aprovechar esta energía de la manera correcta.

La práctica, práctica y más práctica es la única forma de obtener lo mejor de la activación del tercer ojo. Si usted tiene suerte, puede activar el tercer ojo al instante. Algunas personas son muy afortunadas y sus terceros ojos se activan automáticamente. Las experiencias cercanas a la muerte, los traumas y los accidentes también pueden activar involuntariamente el tercer ojo. Incluso las mujeres embarazadas y las madres lactantes también tienen un sexto sentido muy fuerte, ya que se vuelven ferozmente protectores de sus hijos. Sin embargo, tales personas nunca pueden hacer un uso completo de este regalo, ya que nunca afinan sus poderes. Nunca trabajan conscientemente en ello. La práctica regular de la meditación es una manera de mantener su tercer ojo despierto y mejorar su sentido de la percepción. No le llevará mucho tiempo ni esfuerzo, y los rendimientos son increíbles. La meditación hará que usted se sienta tranquilo y relajado. Se sentirá con más energía y tendrá mejores habilidades cognitivas. Permanecerá protegido de la influencia de las energías negativas y sus poderes psíquicos aumentarán.

La meditación no consume recursos. No cuesta nada monetariamente desarrollar sus habilidades. Usted puede dedicarle algo de tiempo a diario, y su control sobre los poderes seguirá aumentando. También usted sentirá una conexión más fuerte con su ser interior. Se sentirá más enraizado y feliz.

El mejor momento para meditar

La meditación es una práctica para mirar dentro de usted; por lo tanto, no hay restricción de tiempo. Usted puede meditar cuando quiera. Si tiene tiempo y quiere meditar por la tarde, adelante. Sin embargo, la meditación por la mañana y por la noche funciona mejor para la mayoría de las personas.

La meditación de la mañana lo ayuda a reunir sus pensamientos. Lo mantiene tranquilo, sosegado y en recogimiento. Usted tendrá un mejor control de las situaciones durante el día. Podrá pensar mejor e incluso manejar el estrés y la ira con excelencia. Las personas que trabajan en ambientes estresantes deben meditar por la mañana. No tiene que ser una sesión larga y extenuante. Incluso las sesiones cortas de meditación pueden ayudarlo enormemente a sobrellevar sin esfuerzo el día, y también lo ayudan a mejorar sus habilidades psíquicas.

Las sesiones de meditación por la noche son excelentes para combatir el estrés. Usted no puede ejercer ningún control real sobre la forma en que se comporta el mundo. Desde el tráfico mientras conduce hasta la forma en que se comportan sus compañeros de trabajo, todo está más allá de su control. Nuestros días de trabajo son cada vez más estresantes y exigentes. La presión se acumula dentro de usted todo el día. Las sesiones de meditación por la noche pueden ayudarlo a liberar esta acumulación de energía negativa. Se sentirá angustiado y tendrá una mente despistada. Debería tomarse un tiempo que sea completamente para usted.

Es importante dedicar tiempo a la meditación a diario y hacer que sea una rutina. Su sentido de percepción y habilidades psíquicas seguirán mejorando si usted medita de forma regular. Notará una diferencia considerable en la forma en que ve el mundo cuando medita regularmente.

La Preparación

La meditación es una actividad conmovedora. Lo ayudará a interactuar consigo mismo y con otras formas de energía, por lo que siempre debe meditar de una manera relajada.

Antes de comenzar sus sesiones de meditación, siempre lávese. Incluso si ya está limpio, lávese bien las manos con agua corriente. Esto lo ayudará a sentir las energías de manera más eficiente.

Medite en un lugar fijo de su hogar. Cuando medite en un lugar particular, comience la acumulación de energías positivas. Practicar la meditación en el mismo lugar ayuda en la concentración de tales energías y siempre frustra el peligro de las influencias negativas y también ayuda a desarrollar su enfoque más rápido. La frecuente necesidad de ajuste dejará de existir. Usted se sentirá más cómodo y alineado en ese lugar.

Mantenga la sala de su consulta limpia y ordenada. Es una cosa simple, pero muy importante. El desorden puede causar una distracción. Si la habitación está limpia, podrá aumentar su enfoque más rápido.

Medite en ropa cómoda. La ropa restrictiva le seguirá distrayendo. Si tiene frío, use ropa abrigada. Mientras usted medita, puede comenzar a sentirse incómodamente frío a veces. Sucede a veces y es natural. Usar ropa abrigada y cómoda puede resolver este problema.

Durante su meditación, tratará de lograr una completa quietud. Sus pensamientos serán inquebrantables. Cualquier distracción externa, como el sonido de un dispositivo móvil u otras notificaciones, puede convertirse en un problema. Apagar dispositivos móviles por un momento es siempre la mejor opción.

Siéntese con la espalda y el cuello estirados. Puede usar un respaldo como apoyo, pero no use un reposacabezas. Mantener su postura recta es importante, ya que la meditación también activa los cinco chakras inferiores en su cuerpo. La postura vertical ayuda a una transferencia suave de energía. También cura varias dolencias en su cuerpo. Sin embargo, usted debe asegurarse de que la posición no se vuelva incómoda. Si usted siente incomodidad, puede reducir el tiempo de la meditación y comenzar a aumentarla lentamente. Con la práctica, usted podrá meditar por más tiempo sin sentir ninguna molestia.

Siéntese con una mente relajada y disfrute de la gloria de la luz que ofrece su tercer ojo.

El Proceso

- Cierre sus ojos y relájese.
- Usted debe mantener los ojos cerrados durante la meditación.
- Cuando quiera salir de la meditación, simplemente abra los ojos.
- Tome algunas respiraciones profundas.
- La respiración profunda es una parte integral de la meditación.
- La respiración enfocada lo ayuda a alejar sus pensamientos de este mundo y resolverlos.
- La respiración también ayuda en la construcción de su enfoque.
- Comience su meditación de respiración.
- Abra un poco la boca y respire hondo.
- Intente sentir la vibración del aire en la parte posterior de su garganta.
- La fricción creada por el aire en la parte posterior de la garganta creará reverberaciones.
- La práctica regular lo ayudará a sentir la vibración no física.

- Esta fase inicial debe mantenerse durante unos cinco minutos.
- Pronto, usted tendrá un gran enfoque y podrá sentir la vibración claramente.
- Una vez que haya alcanzado la quietud, debe concentrarse en su chakra del tercer ojo.
- Tome conciencia del punto sobre sus cejas.
- No trate de visualizar o imaginar nada.
- Simplemente enfoque el punto mientras respira profundamente.
- La vibración en sus pensamientos comenzará a alcanzar el punto de su enfoque en su frente.
- Usted necesita continuar esta fase de cinco a diez minutos.
- Los pensamientos al azar comenzarán a disiparse.
- Incluso si surgen algunos pensamientos, simplemente déjelos a un lado y concéntrese en las vibraciones.
- Sentirá una sensación de hormigueo en la frente.
- Ahora deberá buscar la luz en este punto.
- No intente imaginar o visualizar la luz.
- Trate de buscar la luz que viene naturalmente. Puede aparecer en forma de niebla o luz clara.
- Cuando aparezca la luz, conéctela con las vibraciones que usted está sintiendo en su garganta.
- A medida que usted práctica, esta luz comenzará a hacerse más clara.
- Su principal objetivo en este punto debe ser ver esta luz claramente.
- La luz se volverá intensa y comenzará a difundirse a otras partes.
- Esta es la luz del tercer ojo. Amplificará su sentido de la percepción.
- Esta luz viajará a todos sus otros chakras.
- Esta luz le abrirá las puertas de la conciencia superior.

- En este punto, usted debe ser claramente consciente de la luz.
- Intente mirar profundamente a la luz.
- Vea los colores en la luz. Busque los rayos índigo.
- Los colores pueden parecer morados, azul oscuro o incluso más oscuros.
- Usted simplemente necesita darse cuenta de los colores.
- Continúe la meditación en esta fase durante cinco a diez minutos.
- Usted puede perder la noción del tiempo y del espacio.
- Esto es normal. El tiempo se vuelve intrascendente en este estado.
- Simplemente manténgase explorando hasta que alcance la siguiente fase.
- Inicialmente, enfóquese en obtener claridad.
- Tan pronto se acostumbre a esta luz, la expansión comenzará a ser más profunda.
- Puede experimentar el giro de la luz. Puede tomar la forma de un vórtice.
- No intente imaginar el movimiento giratorio.
- Sucederá a su propio ritmo.
- El movimiento giratorio se intensificará con el tiempo. Puede conducirlo a túneles oscuros.
- Este es el espacio profundo dentro de usted. No tenga miedo de esta oscuridad.
- Esta es su profundidad interior. Lo transportará a una mayor conciencia.
- Esta es la etapa de una mente tranquila. Usted puede permanecer en este estado todo el tiempo que quiera.
- Todos los sentimientos de incomodidad, dolor o placer dejan de existir más allá de este punto.
- Este es un punto más allá del tiempo.

- Este es el punto que necesita explorar. Este viaje traerá conciencia real.
- Sus habilidades psíquicas aumentarán varias veces a lo largo de este viaje.
- Este es el punto de quietud.
- Usted se sentirá estable y quieto.
- Usted no necesita estar pendiente de nada en este punto.
- Su reparación o conciencia se vuelve inmaterial.
- Simplemente concéntrese en la oscuridad.
- Tome conciencia del camino por el que le lleva.
- Siga viajando en él.
- Usted no necesita ejercer ningún tipo de control en este punto.
- Usted podrá ver todo claramente. Usted puede verse como un extraño ahora.
- Su conciencia se vuelve más grande que usted.
- Permanezca en esta fase el tiempo que usted desee.
- Usted ahora puede ver todo, incluso con los ojos cerrados.
- La energía en su cuerpo comenzará a moverse suavemente.
- Usted puede volver cuando quiera.
- Simplemente lleve su atención al punto de luz en su frente para volver.
- Tome conciencia de las cosas que suceden a su alrededor.
- Tome conciencia de su respiración.
- Escuche los sonidos a su alrededor.
- Respire profundamente y no abra los ojos de inmediato.
- Tómese un tiempo antes de abrir los ojos.

Esta meditación del tercer ojo abrirá nuevas dimensiones para usted. Podrá experimentar nuevas energías y verá la profundidad dentro de usted. Experimentará el verdadero flujo de energía dentro de usted. Su sentido de la percepción se vuelve tan efectivo con la práctica que puede ver todo lo demás en cámara lenta.

El tercer ojo abre nuevas dimensiones dentro de usted y su experiencia mundana madura. Su experiencia espiritual alcanza nuevas alturas, por lo que se sentirá más contento y feliz.

Una sesión de meditación idealmente debería durar entre treinta y sesenta minutos. Sin embargo, usted puede meditar todo el tiempo que quiera. Si siente que le falta tiempo, puede mantener sus sesiones cortas. Lo importante es hacer de las sesiones de meditación una rutina.

También, usted puede usar el zumbido para construir su enfoque rápido. Recuerde que los pocos minutos iniciales de las sesiones de meditación son solo para llevarlo al estado de conciencia y quietud. Cuanto más rápido sea capaz de relajarse y concentrarse, más largo será su tiempo de meditación.

Capítulo 14: Siete cosas que evitan el despertar de su Tercer Ojo

Hay varias cosas que pueden impedirle abrir su tercer ojo. Lo primero, y lo más importante, es la calcificación de la glándula pineal. Como ya hemos discutido, la glándula pineal es muy importante para el despertar del tercer ojo. Es la localización física del tercer ojo. Si su glándula pineal está calcificada, usted enfrentará problemas para elevar su conciencia al siguiente nivel o desarrollar poderes psíquicos.

Usted deberá evitar el consumo de fluoruro en todas sus formas. También debe mantenerse alejado de los productos químicos nocivos y metales básicos en sus alimentos.

Sin embargo, estas no son las únicas cosas que se interponen en el camino del despertar de su tercer ojo. Su mente, sus hábitos y su rigidez pueden convertirse en obstáculos importantes para su éxito.

Algunos obstáculos importantes en el camino del despertar de su tercer ojo son:

1. Rendirse fácilmente

Uno de los mayores problemas para lograr algo significativo en la vida es la actitud de rendirse fácilmente. Este es un mundo acelerado, y las cosas se han vuelto demasiado fáciles. Usted puede obtener la mayoría de las cosas materiales con solo ordenarlas. Sin embargo, no es tan fácil cuando se trata de desarrollar habilidades. Usted necesita trabajar persistentemente y ser paciente. Si eleva demasiado sus niveles de expectativa y comienza a esperar resultados rápidos, usted puede terminar frustrado muy pronto. Es importante que se mantenga firme y siga trabajando en sus habilidades. El poder está dentro de usted, y solo usted puede aprovecharlo con su perseverancia.

2. Exceso de simplificación

Si tiene una perspectiva simple de blanco y negro, puede que le resulte difícil abrir su tercer ojo de manera efectiva. Este mundo tiene una gran cantidad de gris. A menudo hay que leer entre líneas. No sucederá que un día su tercer ojo se abra y comience a ver fantasmas caminando a su alrededor. Si sigue esperando ese momento, puede que nunca llegue. Las personas con tales tendencias no trabajan en su poder de percepción. Usted debe comenzar a buscar signos y trabajar para mejorar el poder de comprensión de esos signos. No simplifique este complejo mundo.

3. Perder demasiada energía

Cuando su tercer ojo comienza a abrirse, hay una gran cantidad de intercambios de energía. Su energía interna comienza a interactuar con las energías que le rodean. Puede que no interactúe solo con energías positivas. Esta puede ser una experiencia bastante agotadora. Puede que no lo sienta directamente, pero puede llevarlo a la decepción. Hay algo en nosotros que comienza a decirnos que toda la actividad es inútil. Usted necesita ser fuerte para manejar este intenso intercambio de energía. Debe enfocarse en las cosas correctas y no dejar que su mente se desvíe. Si usted permite que su mente se desvíe, desperdiciará mucha energía y terminará sintiéndose agotado. En tales casos, nunca llegará a saber que su tercer ojo estaba abierto y funcionando.

4. Perderse

Las personas se pierden fácilmente una vez que su tercer ojo comienza a abrirse. Comienzan a mezclar la realidad con la imaginación, o bien, comienzan a esforzarse demasiado o no hacen los intentos correctos. El tercer ojo no es el poder de la imaginación. Es un punto en el que tendrá que hacer una distinción entre realidad y ficción. No imagine cosas. Si usted depende en gran medida de las emociones y los deseos, nunca podrá concentrarse en la dirección correcta. Es importante que permanezca alineado. Su objetivo debe ser claro y no debe recuperar las cosas en su mente.

5. Actitud Racional Rígida

Ser escéptico es algo bueno. Evita que caiga en las trampas. Sin embargo, hay áreas donde esta racionalidad no funciona. El tercer ojo abre una nueva dimensión de la que usted no sabe nada. No puede probar ni refutar nada de esa dimensión, ya que no tiene conocimiento al respecto. Si usted comienza a diseccionarlo con el conocimiento de este mundo, desarrollará conclusiones inexactas. Para abrir su tercer ojo, usted tendrá que abrirse a nuevas experiencias.

6. Ignorar los Mensajes de su propio cuerpo

Cuando su tercer ojo comience a abrirse, recibirá mensajes de su cuerpo. Usted tendrá que escuchar esos mensajes y hacer los ajustes correspondientes. Si no lo hace, es posible que no pueda adaptarse a esta nueva realidad. No ignore los mensajes de su propio cuerpo. Intente sentir incluso los cambios más pequeños. Cuanto más lo escuche, más responderá al tercer ojo que se abre.

7. Distracciones

La mente humana es muy poderosa y tiene capacidades infinitas. Sin embargo, esta mente poderosa puede volverse autodestructiva cuando no está enfocada en la dirección correcta. La distracción es una cosa que puede perjudicar su objetivo de obtener una verdadera percepción. Las personas comienzan a buscar poderes y habilidades incluso antes de comenzar a caminar por el sendero. Esto solo causará desesperación y no conducirá al desarrollo de ningún tipo de habilidad. Su tercer ojo nunca se abrirá completamente si su enfoque sigue siendo limitado.

Capítulo 15: Los peligros de abrir su Tercer Ojo

Abrir el tercer ojo no es un pequeño cambio. Es un acontecimiento significativo. Conduce a un cambio total en su conciencia y eso tiene sus efectos secundarios. Es comprensible que varios cambios comiencen a ocurrir en su mente. Algunos cambios están al nivel de su conciencia, y otros son fisiológicos. Nuestro cuerpo está diseñado para resistir cambios de cualquier tipo y se alarma ante ellos. Por lo tanto, antes de que su tercer ojo se vuelva completamente activo, habrá algunos efectos secundarios fisiológicos, como un dolor de cabeza, presión en la frente, sensación de hormigueo o incluso migraña. Usted necesita saber cómo tratar con ellos.

Algunos cambios también tienen lugar en el nivel de su conciencia. Ver formas, miedo a lo desconocido, tener sueños vívidos, asustarse y sentir la presencia de algunas entidades son solo algunas de ellas. Estas cosas son parte de tener un tercer ojo despierto. Usted tendrá que aprender a lidiar con estas cosas y no tener miedo de ellas.

Problemas Potenciales y cómo manejarlos

Dolores de cabeza y presión en la frente

Es común que las personas sientan presión en la frente mientras intentan activar el tercer ojo. Ocurre cuando se concentra mucho en un punto y trata de redirigir las energías de su vida a ese punto. Tales dolores de cabeza o presión no durarán mucho. Sin embargo, para algunas personas, la presión puede durar horas después de que hayan terminado su meditación. Si usted también está sintiendo algo así, entonces no debe alarmarse. En las fases iniciales del despertar del tercer ojo, tales cosas suceden. De hecho, es una clara señal de que su tercer ojo está siendo estimulado.

Sensación de hormigueo

También puede sentir una sensación de hormigueo en la frente, así como en otras partes de su cuerpo durante el proceso. Esta sensación puede durar horas o incluso días después de que haya terminado con el proceso. Sin embargo, esta es también una fase temporal que termina muy pronto, y no hay razón para alarmarse.

Migrañas

Las migrañas pueden ser un problema real. Tales dolores de cabeza duran un poco más. Si usted está seguro de que el dolor de cabeza que está experimentando se debe a su meditación y no lo tuvo en el pasado, debe consultar a su médico. No prestar la debida atención puede agravar el dolor.

Ver formas extrañas

Muchas personas comienzan a ver formas extrañas poco después de la meditación de activación del tercer ojo. No hay razón para alarmarse si usted también está en esa categoría. La meditación consiste en concentrarse por largos períodos de tiempo con los ojos cerrados mientras se busca la luz. Esto a veces crea imágenes en su mente. La mayoría de las veces, es una imagen de un ojo o formas de luz.

Sueños vívidos o pesadillas

Los sueños vívidos y las pesadillas pueden ser preocupantes para muchas personas. Cuando usted activa su tercer ojo, su visión mental se fortalece; esto puede conducir a tales sueños. Aunque no tiene otro peligro, aún algunas personas comienzan a sentirse inquietas y tienen dificultades para dormir. Si usted está experimentando este problema, trate de calmar su mente. Cuando sus pensamientos se vuelven demasiado locos, tales sueños se vuelven vívidos y frecuentes. La meditación es la única cura para estos sueños. Intente calmar su mente y piense solo en pensamientos positivos. Los sueños son causados por una acumulación excesiva de pensamientos negativos.

La activación del tercer ojo es una herramienta poderosa para tener un mejor control mental y para ayudarlo a evitar que su mente lo controle. Le permitirá utilizar su mente como desee. Sin embargo, el despertar del tercer ojo no es para todos. Si tiene una mente y un corazón débil y ha tenido adicciones, debe mantenerse alejado de la activación del tercer ojo.

Usted no debe intentar la activación del Tercer Ojo si:

Tiene mucho miedo a lo desconocido

El miedo es un fenómeno natural y todos tenemos miedo de algo. Los fantasmas, los espíritus y otras entidades similares pueden asustar a cualquiera, y si usted tiene un miedo normal a tales seres, entonces puede funcionar para usted. Sin embargo, si está demasiado asustado por tales pensamientos, debe mantenerse alejado de la activación del tercer ojo hasta que tenga un control razonable sobre sus temores. Proceder sin precaución solo aumentará su paranoia y se sentirá inquieto.

Usted sufre de esquizofrenia

La esquizofrenia es una condición mental grave en la que cambia constantemente entre realidades concebidas. Practicar la meditación del tercer ojo puede ser peligroso con tal condición, pues terminará agregando más capas a una situación ya compleja. Las personas con esquizofrenia pueden comenzar a mostrar síntomas extraños. Es muy recomendable que estas personas no ingresen a esta dimensión.

Usted es adicto a las drogas y sufre de psicosis permanente y alucinaciones

Cualquier tipo de adicción es mala cuando practica el despertar del tercer ojo. Las adicciones pueden complicar su estado mental y causar problemas al enfocar su atención en una dirección. Las drogas y otras adicciones pueden ser muy peligrosas. Si usted está mezclando la meditación del tercer ojo con drogas, el resultado puede ser aún peor. La psicosis y la alucinación permanente pueden convertirse en una realidad para usted. El tratamiento de dichas afecciones puede ser difícil y es posible que nunca salga del estado. Siempre debe evitar mezclar las adicciones con el despertar del tercer ojo.

Usted quiere usar el tercer ojo para establecer una conexión con los espíritus

Algunas personas creen que pueden usar los poderes del tercer ojo para hablar con los espíritus. Aunque es una posibilidad, nunca debe hacerlo. El reino completo de los espíritus y las energías es desconocido. Somos solo una parte insignificante de este sistema de energía. Intervenir con energías que están más allá de su espectro de conocimiento puede ser peligroso. Usted no tiene forma de medir su poder. Use el tercer ojo solo para cosas buenas y positivas. Si usted comienza a interactuar con fantasmas y espíritus, puede atraer poderosas energías negativas y nunca podrá deshacerse de ellas.

Usted no ha investigado bien

Entrar en algo sin conocerlo profundamente puede ser peligroso. Si usted está pensando en la activación del tercer ojo, debe hacer una buena investigación. Haga su tarea y aprenda lo que implica el proceso. Asegúrese de que cumple con sus objetivos. Solo entonces debería entrar en este reino. De lo contrario, terminará perdiendo mucho tiempo y energía en una búsqueda inútil.

Capítulo 16: Los errores más grandes que cometen las personas cuando intentan activar el Tercer Ojo

Si hay algo peor que no hacer algo, es hacerlo de la manera incorrecta. Esto se aplica para la activación del tercer ojo. Si usted está intentando despertar su tercer ojo y hacerlo de forma incorrecta, entonces tendrá algunas experiencias bastante malas. El despertar del tercer ojo es una práctica poderosa que debe hacerse con cuidado y con gran dedicación.

Si usted está buscando resultados rápidos o gratificación instantánea, entonces estará caminando en el reino equivocado. Algunas personas siguen intentando, pero nunca tienen suerte con la activación del tercer ojo. No es que el tercer ojo no esté presente en ellos, parece que están buscando algo incorrectamente. No entender los signos o malinterpretarlos también puede llevar al fracaso o la desesperación.

Los siguientes son algunos de los errores que las personas cometen al intentar activar su tercer ojo y usted debe evitarlos:

Ser indulgente ante la desinformación

La televisión, los medios de comunicación e Internet son excelentes herramientas para difundir información errónea. Tienen una habilidad especial para hacer una montaña de un grano de arena. Pueden hacerle creer cosas absurdas que pueden llevarlo a la desesperación. Antes de comenzar la activación del tercer ojo, usted debe ser consciente de las cosas que encontrará en su camino. No espere demasiado ni muy poco. Juzgar la brecha claramente siempre evita caer en ella. Haga su tarea correctamente antes de embarcarse en el viaje de activar su tercer ojo

Falta de confianza

La confianza es un factor muy importante cuando se emprende un viaje, especialmente los relacionados con la aventura. La activación del tercer ojo es un viaje de aventura que nunca ha hecho. Para experimentarlo, usted debe confiar en sí mismo y en sus instintos. No debe desconfiar de nada que vea o sienta mientras intenta activar su tercer ojo. También, usted debe dar la importancia adecuada a los cambios que experimente en el camino. Mantenerse consciente incluso de los eventos más pequeños es muy importante.

Falta de propósito

Las personas que carecen de un propósito claro para activar su tercer ojo se enfrentarán a fallos. Activar el tercer ojo no es un paseo por el parque. Usted no puede sacudirse como lo hace con otras cosas. Se inician algunos procesos irreversibles. Debe tener un propósito definido para activar el tercer ojo. Solo entonces podrá juzgar la cantidad de éxito que ha logrado en sus actividades. Si no está buscando algo específico, es posible que no encuentre nada en absoluto.

Falta de técnica

Seguir una técnica adecuada es muy importante para activar el tercer ojo. La activación del tercer ojo puede parecer un camino indefinido. El viaje dentro no tiene una ruta definida, pero usar la técnica correcta es muy importante o puede comenzar a sentirse perdido. Elija la técnica que más le convenga y sígala cuidadosamente. No siga cambiando sus métodos o quizás no logre nada. Permanezca regular en su práctica y hágalo con gran devoción. Las personas que toman esto a la ligera terminan perdiendo el tiempo.

Intentarlo demasiado

No se esfuerce demasiado. Aquellos que quieren un éxito rápido a menudo comienzan a esforzarse demasiado al principio. Puede caer en la desesperación o su mente comenzará a preparar historias falsas, y ambas conducirán al fracaso. Cuando usted intente activar su tercer ojo, concéntrese en la técnica y deje que las cosas sucedan por sí mismas. No intente forzar a su mente a pensar de una manera particular ni a imaginar cosas. La dependencia excesiva de la visualización conducirá a la formulación de nociones falsas en su mente. Usted puede comenzar a ver las cosas que desea ver sin haber logrado nada en absoluto.

Deje de buscar los signos incorrectos

Usted debe buscar los signos correctos. Algunos de los llamados expertos han adjuntado algunas nociones erróneas con el método de activación del tercer ojo. Han hecho creer a las personas que la activación del tercer ojo solo ocurrirá si obtienen signos específicos. Esto es inexacto. Busque los cambios sutiles que tienen lugar dentro de usted. Confíe en sus instintos y tome ventaja. No se vaya por las nociones equivocadas. Su experiencia con el despertar del tercer ojo puede ser totalmente diferente a los demás. Si sigue buscando las experiencias de otros, nunca se sentirá satisfecho.

No hay resultados instantáneos

La activación del tercer ojo no es similar a ordenar nada en Internet. No sucede instantáneamente. Incluso después de que su tercer ojo se haya despertado, es posible que no pueda ver un cambio significativo durante mucho tiempo. Afinar sus habilidades lleva mucho más tiempo y requiere mucha práctica. Usted debe prestar mucha atención a este aspecto.

Falta de práctica

Esta es una continuación del punto anterior. Usted tendrá que practicar sus habilidades durante bastante tiempo para obtener resultados medibles. Incluso si su tercer ojo está activo, no le dará resultados significativos si no lo practica regularmente. Tiene que entrenar su mente para mirar en la dirección correcta. Su mente debe aprender a reconocer los signos. Debe aprender a mirar las cosas con una mejor comprensión. Todo esto solo sucederá cuando practique regularmente. Haga de la meditación una parte de su horario. No se lo pierda ni invente excusas. Al hacerlo, solo traerá el fracaso a su búsqueda.

Evite hablar demasiado de sus esfuerzos

El viaje para despertar su tercer ojo es una búsqueda personal. Es un largo viaje, y el viaje nunca es suave. Usted debe evitar hablar de ello con sus amigos. Tales discusiones provocan críticas negativas y envidia. Usted puede comenzar a ser etiquetado o ridiculizado, y puede llevar a dudas. Manténgalo en reserva, y siga practicando. Es una de las mejores maneras de preservar sus energías positivas y obtener mejores resultados.

Capítulo 17: Cinco mitos sobre el Tercer Ojo y las razones por las que los medios de comunicación quieren que usted se quede dormido

Es frecuente que las personas tengan nociones erróneas sobre cosas que no entienden muy claramente. En el pasado, las personas que entendían los poderes del tercer ojo ascendían a los rangos superiores de la sociedad bastante rápido. El tercer ojo les dio poder con mayor intelecto, sabiduría y visión. El poder de ver mejor que los demás, es un regalo que puede ayudarlo de muchas maneras. Las personas en el poder a menudo quieren mantenerse en el poder y necesitan dominar a las personas.

Esta es una de las razones por las que la sociedad es tan ignorante sobre el concepto del tercer ojo. Existen evidencia y simbolismos que establecen claramente que todas las civilizaciones y culturas conocían el concepto del tercer ojo.

La glándula pineal es similar a la forma de una piña. Vemos que las civilizaciones antiguas no podrían haber tenido conocimiento científico sobre la importancia de la glándula pineal en nuestro cuerpo. Sin embargo, entendieron que esta glándula tiene la capacidad de hacer algunas cosas bastante sorprendentes. No hay otra explicación para las representaciones de la piña como el tercer ojo en todas las culturas.

Los antiguos egipcios conservaron la glándula pineal por separado durante el proceso de momificación. No habrían llegado a tantos extremos si no hubieran entendido su significado. Incluso sus artes y artefactos tienen una representación clara del tercer ojo. Se pensaba que la civilización egipcia dependía demasiado de los poderes místicos, y lograron algunas hazañas ejemplares en su tiempo.

Los dioses griegos también se muestran con una piña en sus representaciones. Las artes y los artefactos de la época usan este simbolismo en gran medida.

Lo mismo ocurre con los babilonios. Los dioses babilónicos se pueden ver sosteniendo piñas.

Las culturas orientales también demostraron que conocían los secretos del tercer ojo. Las tradiciones hindúes y budistas muestran que sabían sobre el tercer ojo. Shiva, una de las deidades más prominentes en las tradiciones hindúes, está representada con un tercer ojo físico. Se dice que puede ver el pasado, el presente y el futuro con este ojo. Los seguidores de esta fe también creen que el Señor Shiva puede abrir este ojo para nutrir o destruir este mundo.

La cultura budista trata al tercer ojo con gran reverencia. Cree que el tercer ojo es la fuente de la conciencia superior. Esta cultura siempre ha dado una importancia increíble a la libertad del ciclo de nacimiento y muerte. Cree que el objetivo principal de la vida es lograr el "nirvana", es decir, la libertad del ciclo de la vida. La cultura budista cree que el Nirvana solo puede lograrse si no tiene un "Karma" detrás de usted que le ata al mundo. Creen que la conciencia superior puede ayudarles a lograr este estado.

Vemos que la mayoría de las culturas en el mundo han conocido el tercer ojo durante muchos, muchos años. Aunque en aquel entonces no tenían ningún medio de comunicación, sus representaciones y creencias son similares. Esto significa que algunas personas en todas estas culturas tenían el conocimiento del tercer ojo.

El secreto del tercer ojo ha permanecido protegido entre las culturas porque las personas que habían descubierto el secreto tampoco querían que este poder llegar a las manos equivocadas o querían todo el poder por sí mismas. El tercer ojo abre la mente del practicante. Una vez que su sabiduría se expanda, no será un seguidor y, en cambio, será un líder. Esta podría ser una de las razones por las cuales el poder del tercer ojo se mantuvo en secreto.

La gente en lugares poderosos quiere que otros los sigan. Esto solo puede suceder si las personas en los estratos más bajos están luchando por sobrevivir. Nuestro mundo funciona con la mecánica del poder. Las personas en la cima a menudo tratan de controlar el poder con sus propias manos. Esta es una de las razones principales por las que la educación estaba restringida solo para la clase alta en el pasado. Incluso la Santa Biblia fue escrita en un lenguaje que la gente común no entendía. Solo los asuntos que ayudaron a mantenerlos bajo control fueron alimentados a la gente.

Lo mismo ha ocurrido con el tercer ojo. Las personas poderosas en el mundo sabían acerca de los poderes del tercer ojo, y los han estado usando. Pero los secretos del tercer ojo nunca fueron revelados a las masas comunes. La gente solo llegó a saber algunas cosas en forma de chismes. Se proyecta como un poder que puede causar gran daño. También se dice que la activación o el control de los poderes del tercer ojo no es posible para todos.

La mayoría de estas creencias no tienen ningún mérito. Ahora discutiremos cinco mitos sobre el tercer ojo y la verdad detrás de ellos.

1. Todos no pueden tener el poder del Tercer Ojo y está cerrado en la mayoría de nosotros. Solo unos pocos elegidos pueden abrirlo.

Esta es una de las mentiras más grandes. El tercer ojo está en todos. La glándula pineal es la ubicación física de este ojo metafísico. Todos lo tenemos. Es una glándula que realiza varias funciones importantes en su cuerpo. Sin la glándula pineal, usted estaría en un estado bastante lamentable. No tendría sentido de la felicidad y tendría patrones erráticos de sueño y vigilia. La glándula pineal regula los ritmos circadianos de su cuerpo y le dice a su cuerpo sobre el día y la noche. Nuestro tercer ojo no está completamente cerrado. Todos tenemos el poder de la intuición, y esto demuestra que el tercer ojo funciona en todos nosotros, aunque no con gran precisión. Entonces, la primera parte del mito no tiene fundamento. Todos tenemos la glándula física necesaria para el correcto funcionamiento del tercer ojo. Usted puede activar el tercer ojo y usar todo su potencial. Para abrir el tercer ojo, usted no necesita ser un individuo especial o una encarnación. Cualquier persona que pueda dedicar algo de tiempo y meditar puede abrir el tercer ojo.

Lo único que se requiere para abrir el tercer ojo es la dedicación. Usted tendrá que seguir el camino de la meditación y pulir sus poderes. La glándula pineal está presente en todos nosotros, pero es necesario practicar el poder de la conciencia superior, la intuición y la previsión. La meditación mejorará su habilidad para experimentar estos poderes. Usted puede hacer esto independientemente de la clase, la raza o la religión. El concepto del tercer ojo no es religioso sino espiritual.

2. Usted necesita a otros para abrir su tercer ojo.

El tercer ojo está dentro de usted. Si usted desea abrir su tercer ojo, es posible que no necesite a nadie para eso. Si simplemente toma una decisión y comienza a trabajar en la dirección correcta, los poderes del tercer ojo se volverán fuertes en usted. Los maestros, las personas con poderes psíquicos ya perfeccionados y los seres iluminados pueden ayudarlo en su camino. Sin embargo, si usted cree que es un poder que alguien le puede otorgar, entonces está seriamente equivocado. Si alguien se lo ha estado diciendo, está siendo engañado.

Ciertamente, usted necesitará dedicación y devoción para abrir su tercer ojo, pero no necesita a los demás. Si usted desea abrir su tercer ojo, aprenda las formas de hacerlo y avance en el camino.

3. Algunas personas pueden abrir su tercer ojo instantáneamente.

El tercer ojo no es un implante que deba colocarse dentro de usted. Es una glándula física que usted tiene dentro. La parte psíquica del tercer ojo está inactiva en la mayoría de nosotros, ya que no la usamos muy a menudo. Pero eso no significa que alguien simplemente pueda accionar un interruptor y abrir el tercer ojo. Es su propia conciencia y necesita cultivarla. Si usted le presta la atención adecuada, entonces puede abrir su tercer ojo fácilmente.

Puede tomar algo de tiempo y es posible que usted no experimente nada ejemplar al principio. Primero, usted deberá activar su tercer ojo y luego tendrá que trabajar para aumentar sus poderes. Es similar a levantar pesas en el gimnasio. Cuanto más trabaje, mejores resultados obtendrá. Un buen maestro o entrenador puede ayudarlo a moldear el cuerpo más rápido, pero no puede desarrollar músculos por usted. Algunas personas pueden activar su tercer ojo en la primera sesión, y otras llegan a ese punto un poco más tarde. Sin embargo, cualquiera que desee abrir el tercer ojo podrá hacerlo.

4. El Tercer Ojo es malvado por naturaleza.

Ningún poder es bueno o malo por naturaleza. Es la forma en que se usa el poder lo que determina su naturaleza. Lo mismo ocurre con el tercer ojo. Usted puede desarrollar varias habilidades psíquicas con la ayuda del tercer ojo. Si se usan de la manera correcta, esas habilidades psíquicas pueden ser útiles para las personas. Sin embargo, podrían usarse para dañar a otros o con motivos infames. Tales acciones también tendrán consecuencias para el iniciador.

Si uno comienza a usar los poderes derivados del tercer ojo para las cosas malas, comienza una acumulación de energías negativas. Tendrá un fuerte impacto en su personalidad y en su proceso de pensamiento. No seguiría siendo la misma persona. El uso juicioso de tales poderes es muy importante.

5. Usted debe sentirse de cierta manera para saber que su Tercer Ojo está activo.

No puede haber nada más lejos de la verdad. Internet muestra nociones erróneas de que si su tercer ojo se despierta, usted tendrá experiencias específicas. Esto es como domar lo indomable. El tercer ojo abre las puertas de otra dimensión. Las posibilidades son ilimitadas. Sus experiencias pueden variar considerablemente. Puede que usted no sienta las cosas que otros le han dicho y, sin embargo, se sienta eufórico.

Las experiencias reales del tercer ojo variarán de persona a persona. Cuando se abra su tercer ojo, usted comenzará a sentir las diferencias en su proceso de pensamiento. Sus gestos empezarán a cambiar. La apertura del tercer ojo no significa que obtendrá instantáneamente poderes psíquicos. Incluso después de que su tercer ojo se haya despertado, es posible que usted no sienta nada diferente en absoluto. Es solo después de la práctica regular que empieza a sentir la diferencia en su nivel de percepción y conciencia.

Capítulo 18: Preguntas Frecuentes

¿El Tercer Ojo permanece abierto para siempre una vez que se activa?

Activar el tercer ojo es un proceso intenso, y mantenerlo abierto tampoco es una cosa fácil. Es algo que requiere trabajo constante. Usted tendrá que practicar el arte regularmente. El tercer ojo funciona como otro cerebro dentro de usted. Necesitará entrenarlo para ver las cosas que le son útiles. Si usted quiere desarrollar algunas habilidades psíquicas, también tendrá que entrenarse para mejorarlas. Todo esto no viene sin esfuerzo. Tendrá que poner mucho esfuerzo para dominar las habilidades. Entrene su mente para mirar hacia el abismo. Si deja de practicar, el tercer ojo no será muy efectivo y usted dejará de tener habilidades psíquicas.

¿Podemos cerrar el Tercer Ojo?

Sí, usted puede usar la meditación de cierre del tercer ojo para cerrar el tercer ojo. Aunque, la necesidad de cerrar el tercer ojo rara vez surge, es posible cerrar el tercer ojo a través de la meditación específica si se enfrenta a algunos problemas en el camino. Si usted deja de practicar por mucho tiempo, comenzará a perder las habilidades psíquicas y el tercer ojo queda inactivo. Por lo tanto, es una cuestión de elección personal, pero es muy posible.

¿Se pueden encontrar fantasmas y espíritus mientras el tercer ojo está activo?

La respuesta corta es sí. El despertar del tercer ojo conduce a una conciencia superior. Su sentido de la percepción aumenta enormemente y puede sentir la presencia de entidades a su alrededor. La visión también mejora, y es posible que usted pueda sentir el aura de otros seres. Sin embargo, si desea evitar el contacto con dichas entidades, puede aumentar la frecuencia de sus vibraciones. Los fantasmas, espíritus, demonios y otras entidades similares existen solo en las frecuencias de nivel inferior. Si usted mantiene alta la frecuencia de sus vibraciones, es posible que no atraiga energías negativas. El contacto con estas energías siempre está en el nivel de la conciencia. Usted siempre tendrá la opción de colocar su conciencia en el nivel correcto.

¿Existe una restricción de edad para la activación del tercer ojo?

Esta es una pregunta difícil de responder, ya que no hay una respuesta directa. El tercer ojo está siempre presente en nuestro interior en forma de glándula física. Entonces, todos tenemos un tercer ojo, nos guste o no. La activación del tercer ojo no siempre es voluntaria. Los niños pequeños suelen tener un tercer ojo activo. Esta es la razón por la que son capaces de sentir las energías negativas mejor que los adultos. Incluso las mujeres embarazadas tienen un tercer ojo activo durante breves períodos, y su poder de intuición aumenta. Las experiencias cercanas a la muerte o las experiencias traumáticas también pueden activar accidentalmente el tercer ojo y tales personas comienzan a tener visiones. Así que la madre naturaleza no ha puesto una edad para activar el tercer ojo. Sin embargo, es recomendable activar su tercer ojo solo después de haber alcanzado un cierto nivel de madurez. Ayuda a comprender sus visiones y también ayuda a combatir el miedo. Aventurarse a lo desconocido a una edad temprana puede llevar a impresiones negativas.

¿Es peligrosa la activación del tercer ojo?

Esta es una pregunta difícil y no tiene una respuesta específica. El tercer ojo abre la puerta de su conciencia interior. Que sea peligroso o útil dependerá de la forma en que piense. Usted puede hacer de cualquier tipo de energía una fuerza de destrucción o una fuente de creación. Lo que importa es la forma en que se utiliza el poder del tercer ojo.

Las personas que tienen una mentalidad negativa deben abstenerse de activar su tercer ojo, ya que puede dañarlos. Las personas que sienten un desapego por este mundo también deben abstenerse de activar su tercer ojo, ya que puede intensificar sus sentimientos. Si tiene un miedo extremo de cualquier tipo, también debe evitar activar su tercer ojo, ya que puede aumentar sus temores en gran medida o puede hacerlos realidad para usted.

En otras palabras, el tercer ojo aumentará su experiencia. Sus miedos encontrarán una expresión si su tercer ojo está activo. Si su mentalidad es negativa, entonces usted puede atraer muchas energías negativas. Así que en estas circunstancias, activar el tercer ojo es peligroso. Sin embargo, si used no está enfrentando tales problemas, debe activar su tercer ojo para una mente mejor y una conciencia más alta. La experiencia del despertar del tercer ojo cambiará su vida. Usted podría ver la vida en términos reales. Su experiencia de este mundo mejorará grandemente.

¿Cómo lidiar con las visiones?

Esta es una pregunta que nos lleva al dominio de los hechos y la ficción. Si usted tiene visiones que desea manejar, entonces realmente se está esforzando y debe darse un respiro. La sobreimaginación solo le hará daño y no le hará ningún bien. Tener visiones es algo común cuando se practica la activación del tercer ojo, y las personas en las fases iniciales experimentan visiones.

Sin embargo, la mayor parte del tiempo, será su cerebro el que crea las historias. Las visiones que su tercer ojo le muestra tendrán profundidad. Usted podrá explorarlas en gran medida y no le asustarán. Usted tendrá control en ese reino, aunque estará caminando en la oscuridad. Cuando se imagina cosas todo el tiempo, su mente se vuelve loca. Comienza a fabricar cosas que son simplemente imposibles en el mundo práctico y le hace creer su posibilidad. No caiga en la trampa de las visiones creadas por su mente.

¿Puede comunicarse con sus seres queridos que han fallecido?

Este es uno de los propósitos principales por los que las personas desean activar su tercer ojo. Si usted está tratando de hacer eso, ¡DETÉNGASE! Está tratando de entrar en un mundo que es altamente peligroso y no tendrá control sobre él. Los seres queridos que han fallecido han abandonado sus cuerpos. Puede que no sean los que alguna vez conoció. Los espíritus pueden transformarse de muchas maneras y volverse peligrosos si se les molesta. Pueden arrastrarlo hacia abajo o influenciarlo negativamente. Usted no tendrá control en ese dominio; por lo tanto, ni siquiera debería intentarlo. Hacer esto de manera incorrecta, conducirá a visiones falsas o atraerá daños. Uno solo debe activar el tercer ojo para propósitos constructivos y para encontrar el verdadero significado de esta vida y no para entrometerse con los otros seres.

Conclusión

Gracias por terminar de leer este libro. Esperamos que haya sido capaz de proporcionarle todas las herramientas que usted necesita para lograr sus objetivos, sean cuales sean.

Este libro ha sido diseñado para ayudarlo a comprender el papel del tercer ojo en su vida y las formas en que puede activarlo. Hay un montón de materiales disponibles en Internet sobre este tema, pero crean más confusión de lo que ayudan.

Este libro pretende aclarar parte de esa confusión para que usted pueda lograr su objetivo de activación del tercer ojo de manera fructífera en el menor tiempo posible.

El propósito de este libro no es enseñarle trucos rápidos, sino explicarle las formas fiables en las que usted puede lograr sus objetivos sin perder tiempo.

Se ha observado que aunque las personas emprenden el viaje de activación del tercer ojo con gran entusiasmo, terminan frustradas y desilusionadas. Las razones de su fracaso no son las dificultades en el camino, sino la falta de atención a los pequeños conceptos, la preparación requerida y la protección que deben tener en cuenta.

Este libro ha tratado de explicarle todos los conceptos principales en detalle.

Espero que este libro pueda despejar sus dudas y ayudarlo en su viaje para activar el tercer ojo para lograr una vida más satisfactoria y enriquecida.

Descubra más libros de Kimberly Moon

www.ingramcontent.com/pod-product-compliance
Lightning Source LLC
Chambersburg PA
CBHW030121100526
44591CB00009B/483